漢字って楽しい！

漢字の歴史《れきし》は三千年以上《いじょう》とも
いわれています。
最初《さいしょ》は、簡単《かんたん》な絵文字でした。
そのうち、それらを
組み合わせて、新しい漢字が
作られたのです。
一字一字の漢字に歴史がある、
そう思うと、漢字の学習が
楽しくなってきませんか。

「漢検」級別 主な出題内容

10級 …対象漢字数 80字
漢字の読み／漢字の書取／筆順・画数

9級 …対象漢字数 240字
漢字の読み／漢字の書取／筆順・画数

8級 …対象漢字数 440字
漢字の読み／漢字の書取／部首・部首名／筆順・画数／送り仮名／対義語／同じ漢字の読み

7級 …対象漢字数 642字
漢字の読み／漢字の書取／部首・部首名／筆順・画数／送り仮名／対義語／同音異字／三字熟語

6級 …対象漢字数 835字
漢字の読み／漢字の書取／部首・部首名／筆順・画数／送り仮名／対義語・類義語／同音・同訓異字／三字熟語／熟語の構成

5級 …対象漢字数 1026字
漢字の読み／漢字の書取／部首・部首名／筆順・画数／送り仮名／対義語・類義語／同音・同訓異字／誤字訂正／四字熟語／熟語の構成

4級 …対象漢字数 1339字
漢字の読み／漢字の書取／部首・部首名／送り仮名／対義語・類義語／同音・同訓異字／誤字訂正／四字熟語／熟語の構成

3級 …対象漢字数 1623字
漢字の読み／漢字の書取／部首・部首名／送り仮名／対義語・類義語／同音・同訓異字／誤字訂正／四字熟語／熟語の構成

準2級 …対象漢字数 1951字
漢字の読み／漢字の書取／部首・部首名／送り仮名／対義語・類義語／同音・同訓異字／誤字訂正／四字熟語／熟語の構成

2級 …対象漢字数 2136字
漢字の読み／漢字の書取／部首・部首名／送り仮名／対義語・類義語／同音・同訓異字／誤字訂正／四字熟語／熟語の構成

準1級 …対象漢字数 約3000字
漢字の読み／漢字の書取／故事・諺／対義語・類義語／同音・同訓異字／誤字訂正／四字熟語

1級 …対象漢字数 約6000字
漢字の読み／漢字の書取／故事・諺／対義語・類義語／同音・同訓異字／誤字訂正／四字熟語

※ここに示したのは出題分野の一例です。毎回すべての分野から出題されるとは限りません。また、このほかの分野から出題されることもあります。

日本漢字能力検定採点基準 最終改定：平成25年4月1日

❶ 採点の対象
筆画を正しく、明確に書かれた字を採点の対象とし、くずした字や、乱雑に書かれた字は採点の対象外とする。

❷ 字種・字体
① 2～10級の解答は、内閣告示「常用漢字表」（平成二十二年）による。ただし、旧字体での解答は正答とは認めない。
② 1級および準1級の解答は、『漢検要覧 1／準1級対応』（公益財団法人日本漢字能力検定協会発行）に示す「標準字体」「許容字体」「旧字体一覧表」による。

❸ 読み
① 2～10級の解答は、内閣告示「常用漢字表」（平成二十二年）による。
② 1級および準1級の解答には、①の規定は適用しない。

❹ 仮名遣い
仮名遣いは、内閣告示「現代仮名遣い」による。

❺ 送り仮名
送り仮名は、内閣告示「送り仮名の付け方」による。

❻ 部首
部首は、『漢検要覧 2～10級対応』（公益財団法人日本漢字能力検定協会発行）収録の「部首一覧表と部首別の常用漢字」による。

❼ 筆順
筆順の原則は、文部省編『筆順指導の手びき』（昭和三十三年）による。常用漢字一字一字の筆順は、『漢検要覧 2～10級対応』収録の「常用漢字の筆順一覧」による。

❽ 合格基準

級	満点	合格
1級／準1級／2級	二〇〇点	八〇％程度
準2級／3級／4級／5級／6級／7級	二〇〇点	七〇％程度
8級／9級／10級	一五〇点	八〇％程度

※部首、筆順は『漢検 漢字学習ステップ』など公益財団法人日本漢字能力検定協会発行図書でも参照できます。

日本漢字能力検定審査基準

10級

程度　小学校第1学年の学習漢字を理解し、文や文章の中で使える。

領域・内容

《読むことと書くこと》　小学校学年別漢字配当表の第1学年の学習漢字を読み、書くことができる。

《筆順》　点画の長短、接し方や交わり方、筆順および総画数を理解している。

9級

程度　小学校第2学年までの学習漢字を理解し、文や文章の中で使える。

領域・内容

《読むことと書くこと》　小学校学年別漢字配当表の第2学年までの学習漢字を読み、書くことができる。

《筆順》　点画の長短、接し方や交わり方、筆順および総画数を理解している。

8級

程度　小学校第3学年までの学習漢字を理解し、文や文章の中で使える。

領域・内容

《読むことと書くこと》　小学校学年別漢字配当表の第3学年までの学習漢字を読み、書くことができる。

- 音読みと訓読みとを理解していること
- 送り仮名に注意して正しく書けること（食べる、楽しい、後ろ　など）
- 対義語の大体を理解していること（勝つ―負ける、重い―軽い　など）
- 同音異字を理解していること（反対、体育、期待、太陽　など）

《筆順》　筆順、総画数を正しく理解している。

《部首》　主な部首を理解している。

7級

程度　小学校第4学年までの学習漢字を理解し、文章の中で正しく使える。

領域・内容

《読むことと書くこと》　小学校学年別漢字配当表の第4学年までの学習漢字を読み、書くことができる。

- 音読みと訓読みとを正しく理解していること
- 送り仮名に注意して正しく書けること（等しい、短い、流れる　など）
- 熟語の構成を知っていること
- 対義語の大体を理解していること（入学―卒業、成功―失敗　など）
- 同音異字を理解していること（健康、高校、公共、外交　など）

《筆順》　筆順、総画数を正しく理解している。

《部首》　部首を理解している。

6級

程度　小学校第5学年までの学習漢字を理解し、文章の中で漢字が果たしている役割を知り、正しく使える。

領域・内容

《読むことと書くこと》　小学校学年別漢字配当表の第5学年までの学習漢字を読み、書くことができる。

- 音読みと訓読みとを正しく理解していること
- 送り仮名や仮名遣いに注意して正しく書けること（求める、失うなど）
- 熟語の構成を知っていること（上下、絵画、大木、読書、不明　など）
- 対義語、類義語の大体を理解していること（禁止―許可、平等―均等など）
- 同音・同訓異字を正しく理解していること

《筆順》　筆順、総画数を正しく理解している。

《部首》　部首を理解している。

5級

程度　小学校第6学年までの学習漢字を理解し、文章の中で漢字が果たしている役割に対する知識を身に付け、漢字を文章の中で適切に使える。

領域・内容

《読むことと書くこと》　小学校学年別漢字配当表の第6学年までの学習漢字を読み、書くことができる。

- 音読みと訓読みとを正しく理解していること
- 送り仮名や仮名遣いに注意して正しく書けること
- 熟語の構成を知っていること
- 対義語、類義語を正しく理解していること
- 同音・同訓異字を正しく理解していること

《四字熟語》　四字熟語を正しく理解している（有名無実、郷土芸能　など）。

《筆順》　筆順、総画数を正しく理解している。

《部首》　部首を理解し、識別できる。

4級

程度　常用漢字のうち約1300字を理解し、文章の中で適切に使える。

領域・内容

《読むことと書くこと》　小学校学年別漢字配当表のすべての漢字と、その他の常用漢字約300字の読み書きを習得し、文章の中で適切に使える。

- 音読みと訓読みとを正しく理解していること
- 送り仮名や仮名遣いに注意して正しく書けること
- 熟語の構成を正しく理解していること
- 熟字訓、当て字を理解していること（小豆／あずき、土産／みやげなど）
- 対義語、類義語、同音・同訓異字を正しく理解していること

《四字熟語》　四字熟語を理解している。

《部首》　部首を識別し、漢字の構成と意味を理解している。

3級

程度　常用漢字のうち約1600字を理解し、文章の中で適切に使える。

領域・内容

《読むことと書くこと》　小学校学年別漢字配当表のすべての漢字と、その他の常用漢字約600字の読み書きを習得し、文章の中で適切に使える。

- 音読みと訓読みとを正しく理解していること
- 送り仮名や仮名遣いに注意して正しく書けること
- 熟語の構成を正しく理解していること
- 熟字訓、当て字を理解していること（乙女／おとめ、風邪／かぜ　など）
- 対義語、類義語、同音・同訓異字を正しく理解していること

《四字熟語》　四字熟語を理解している。

《部首》　部首を識別し、漢字の構成と意味を理解している。

※常用漢字とは、平成22年（2010年）11月30日付内閣告示による「常用漢字表」に示された2136字をいう。

準2級

程度　常用漢字のうち1951字を理解し、文章の中で適切に使える。

領域・内容

《読むことと書くこと》　1951字の漢字の読み書きを習得し、文章の中で適切に使える。

- 音読みと訓読みとを正しく理解していること
- 送り仮名や仮名遣いに注意して正しく書けること
- 熟語の構成を正しく理解していること
- 熟字訓、当て字を理解していること（硫黄／いおう、相撲／すもう　など）
- 対義語、類義語、同音・同訓異字を正しく理解していること

《四字熟語》　典拠のある四字熟語を理解している（驚天動地、孤立無援　など）。

《部首》　部首を識別し、漢字の構成と意味を理解している。

※1951字とは、昭和56年（1981年）10月1日付内閣告示による旧「常用漢字表」の1945字から「勺」「錘」「銑」「脹」「匁」の5字を除いたものに、現行の「常用漢字表」のうち、「茨」「媛」「岡」「熊」「埼」「鹿」「栃」「奈」「梨」「阪」「阜」の11字を加えたものを指す。

2級

程度　すべての常用漢字を理解し、文章の中で適切に使える。

領域・内容

《読むことと書くこと》　すべての常用漢字の読み書きに習熟し、文章の中で適切に使える。

- 音読みと訓読みとを正しく理解していること
- 送り仮名や仮名遣いに注意して正しく書けること
- 熟語の構成を正しく理解していること
- 熟字訓、当て字を理解していること（海女／あま、玄人／くろうと　など）
- 対義語、類義語、同音・同訓異字などを正しく理解していること

《四字熟語》　典拠のある四字熟語を理解している（鶏口牛後、呉越同舟　など）。

《部首》　部首を識別し、漢字の構成と意味を理解している。

準1級

程度　常用漢字を含めて、約3000字の漢字の音・訓を理解し、文章の中で適切に使える。

領域・内容

《読むことと書くこと》　常用漢字の音・訓を含めて、約3000字の漢字の読み書きに慣れ、文章の中で適切に使える。

- 熟字訓、当て字を理解していること
- 対義語、類義語、同音・同訓異字などを理解していること
- 国字を理解していること（峠、凧、畠　など）
- 複数の漢字表記について理解していること（國―国、交叉―交差　など）

《四字熟語・故事・諺》　典拠のある四字熟語、故事成語・諺を正しく理解している。

《古典的文章》　古典的文章の中での漢字・漢語を理解している。

※約3000字の漢字は、JIS第一水準を目安とする。

1級

程度　常用漢字を含めて、約6000字の漢字の音・訓を理解し、文章の中で適切に使える。

領域・内容

《読むことと書くこと》　常用漢字の音・訓を含めて、約6000字の漢字の読み書きに慣れ、文章の中で適切に使える。

- 熟字訓、当て字を理解していること
- 対義語、類義語、同音・同訓異字などを理解していること
- 国字を理解していること（怺える、毟る　など）
- 地名・国名などの漢字表記（当て字の一種）を知っていること
- 複数の漢字表記について理解していること（鹽―塩、颱風―台風　など）

《四字熟語・故事・諺》　典拠のある四字熟語、故事成語・諺を正しく理解している。

《古典的文章》　古典的文章の中での漢字・漢語を理解している。

※約6000字の漢字は、JIS第一・第二水準を目安とする。

※常用漢字とは、平成22年（2010年）11月30日付内閣告示による「常用漢字表」に示された2136字をいう。

個人受検を申し込まれる皆さまへ

協会ホームページのご案内

検定に関する最新の情報（申込方法やお支払い方法など）は、公益財団法人　日本漢字能力検定協会**ホームページ https://www.kanken.or.jp/** をご確認ください。
なお、下記の二次元コードから、ホームページへ簡単にアクセスできます。

受検規約について
受検を申し込まれる皆さまは、「日本漢字能力検定 受検規約（漢検ＰＢＴ）」の適用があることを同意のうえ、検定の申し込みをしてください。受検規約は協会のホームページでご確認いただけます。

1 受検級を決める

受検資格　制限はありません

実施級　1、準1、2、準2、3、4、5、6、7、8、9、10級

検定会場　全国主要都市約170か所に設置
（実施地区は検定の回ごとに決定）

検定時間　ホームページにてご確認ください。

2 検定に申し込む

インターネットにてお申し込みください。

注意

①家族・友人と同じ会場での受検を希望する方は、検定料のお支払い完了後、申込締切日の2営業日後までに協会（お問い合わせフォーム）までお知らせください。

②障がいがあるなど、身体的・精神的な理由により、受検上の配慮を希望される方は、申込締切日までに協会（お問い合わせフォーム）までご相談ください（申込締切日以降のお申し出には対応できかねます）。

③申込締切日以降は、受検級・受検地を含む内容変更および取り消し・返金は、いかなる場合もできません。また、次回以降の振替え、団体受検や漢検ＣＢＴへの変更もできません。

団体受検の申し込み
自分の学校や企業などの団体で志願者が一定以上集まると、団体単位で受検の申し込みができる「団体受検」という制度もあります。団体受検申込を扱っているかどうかは先生や人事関係の担当者に確認してください。

3 受検票が届く

受検票は検定日の約1週間前から順次お届けします。

注意

①1、準1、2、準2級の方は、後日届く受検票に顔写真（タテ4㎝×ヨコ3㎝、6か月以内に撮影、上半身無帽、正面）を貼り付け、会場に当日持参してください。（当日回収・返却不可）

②3級～10級の方は顔写真は不要です。

4 検定日当日

持ち物　受検票、鉛筆（HB、B、2Bの鉛筆またはシャープペンシル）、消しゴム
※ボールペン、万年筆などの使用は認められません。
ルーペ持ち込み可。

注意

① 会場への車での来場（送迎を含む）は、交通渋滞の原因や近隣の迷惑になりますので固くお断りします。
② 検定開始時刻の15分前を目安に受検教室までお越しください。答案用紙の記入方法などを説明します。
③ 携帯電話やゲーム、電子辞書などは、電源を切り、かばんにしまってから入場してください。
④ 検定中は受検票を机の上に置いてください。
⑤ 答案用紙には、あらかじめ名前や生年月日などが印字されています。
⑥ 検定日の約5日後に漢検ホームページにて標準解答を公開します。

5 合否の通知

検定日の約40日後に、受検者全員に「検定結果通知」を郵送します。合格者には「合格証書」・「合格証明書」を同封します。
欠席者には検定問題と標準解答をお送りします。
受検票は検定結果が届くまで大切に保管してください。

進学・就職に有利！
合格者全員に合格証明書発行

大学・短大の推薦入試の提出書類に、また就職の際の履歴書に添付してあなたの漢字能力をアピールしてください。合格者全員に、合格証書と共に合格証明書を2枚、無償でお届けいたします。

合格証明書が追加で必要な場合は有償で再発行できます。

申請方法はホームページにてご確認ください。

お問い合わせ窓口

電話番号　フリーコール **0120-509-315**（無料）
（海外からはご利用いただけません。
ホームページよりメールでお問い合わせください。）

お問い合わせ時間　月～金　9時00分～17時00分
（祝日・お盆・年末年始を除く）
※公開会場検定日とその前日の土曜は開設
※検定日は9時00分～18時00分

メールフォーム　https://www.kanken.or.jp/kanken/contact/

「漢検」受検の際の注意点

【字の書き方】

問題の答えは楷書で大きくはっきり書きなさい。乱雑な字や続け字、また、行書体や草書体のようにくずした字は採点の対象とはしません。

特に漢字の書き取り問題では、答えの文字は教科書体をもとにして、はねるところ、とめるところなどもはっきり書きましょう。また、画数に注意して、一画一画を正しく、明確に書きなさい。

《例》

○熱　×熱

○言　×言

○糸　×糸

【字種・字体について】

(1)日本漢字能力検定2～10級においては、「常用漢字表」に示された字種で書きなさい。つまり、表外漢字（常用漢字表にない漢字）を用いると、正答とは認められません。

《例》

○交差点　×交叉点（「叉」が表外漢字）

○寂しい　×淋しい（「淋」が表外漢字）

(2)日本漢字能力検定2～10級においては、「常用漢字表」に示された字体で書きなさい。なお、「常用漢字表」に参考として示されている康熙《こうき》字典体など、旧字体と呼ばれているものを用いると、正答とは認められません。

《例》

○真　×眞　　○渉　×涉

○飲　×飮　　○迫　×迫

○弱　×弱

(3)一部例外として、平成22年告示「常用漢字表」で追加された字種で、許容字体として認められているものや、その筆写文字と印刷文字との差が習慣の相違に基づくとみなせるものは正答と認めます。

《例》

餌 ⬇ 餌　と書いても可

遜 ⬇ 遜　と書いても可

葛 ⬇ 葛　と書いても可

溺 ⬇ 溺　と書いても可

箸 ⬇ 箸　と書いても可

注意

(3)において、どの漢字が当てはまるかなど、一字一字については、当協会発行図書（2級対応のもの）掲載の漢字表で確認してください。

公益財団法人 日本漢字能力検定協会

漢検

漢検 過去問題集

6級

漢検 公益財団法人 日本漢字能力検定協会

●本書に関するアンケート●

今後の出版事業に役立てたいと思いますので、アンケートにご協力ください。抽選《ちゅうせん》で粗品《そしな》をお送りします。

◆PC・スマートフォンの場合

下記 URL、または二次元コードから回答画面に進み、画面の指示に従《したが》ってお答えください。

https://www.kanken.or.jp/kanken/textbook/past.html

◆愛読者カード（ハガキ）の場合

本書挟《はさ》み込《こ》みのハガキに切手を貼《は》り、お送りください。

目次

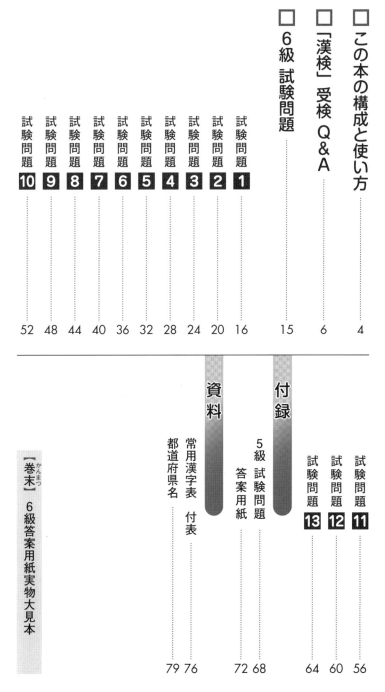

この本の構成と使い方

この本は、2021・2022年度に実施《じっし》した日本漢字能力検定（漢検）6級の試験問題と、その標準解答を収録《しゅうろく》したものです。

さらに、受検のためのQ&A、答案用紙の実物大見本、合格者平均得点など、受検にあたって知っておきたい情報をおさめました。

□「漢検」受検Q&A

検定当日の注意事項《じこう》や、実際の答案記入にあたって注意していただきたいことをまとめました。

□試験問題（13回分）

2021・2022年度に実施した試験問題のうち13回分を収録しました。

問題1回分は見開きで4ページです。

6級は200点満点、検定時間は60分です。時間配分に注意しながら、合格のめやすである70%程度正解を目標として取り組んでください。

□資料

「常用漢字表　付表」と「都道府県名」の一覧《いちらん》を掲載《けいさい》しました。

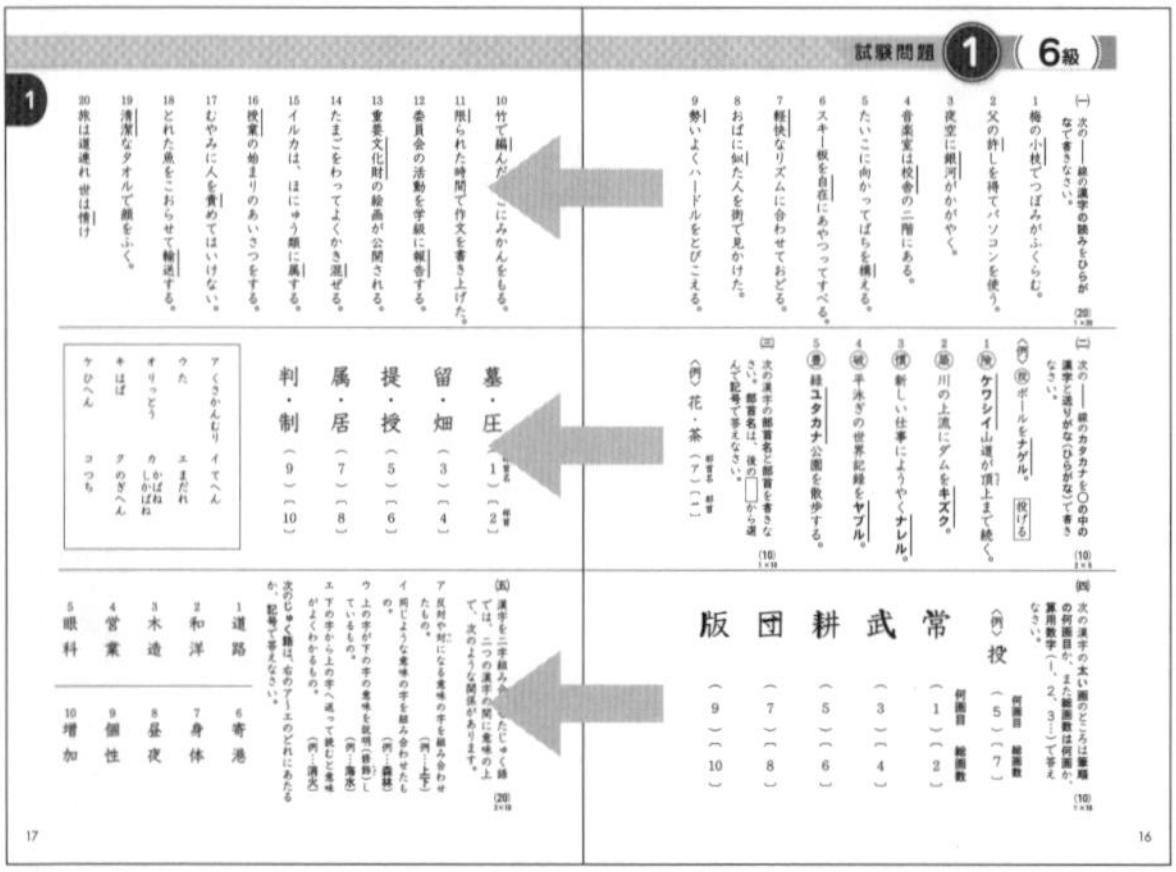

試験問題・標準解答は段《だん》ごとに右ページから左ページへ続けてご覧《らん》ください。

□答案用紙実物大見本

巻末《かんまつ》には、検定で使う実物とほぼ同じ大きさ・用紙の答案用紙を収録。実際の解答形式に慣れることができます。問題は不許複製ですが、答案用紙実物大見本はコピーをしてお使いください。

また、日本漢字能力検定協会ホームページからもダウンロードできます。

https://www.kanken.or.jp/kanken/textbook/past.html

□別冊《べっさつ》・標準解答

各問題の標準解答は、別冊にまとめました。1回分は見開きで2ページです。

また、試験問題**1**～**11**の解答には、(一)(二)(三)……の大問ごとに合格者平均得点をつけました。難易《なんい》のめやすとしてお役立てください。

□データでみる「漢検」

「漢検」受検者の年齢層《ねんれいそう》別割合《わりあい》・設問項目《こうもく》別正答率を掲載しました。

●巻頭《かんとう》―カラー口絵

主な出題内容、採点基準、および審査《しんさ》基準などを掲載。

●付録―5級の試験問題・答案用紙・標準解答

5級の試験問題・答案用紙1回分を、6級の試験問題の後に収録（標準解答は別冊に収録）。

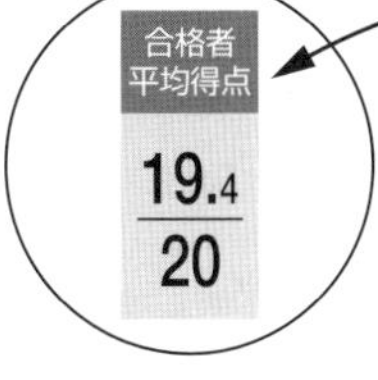

合格者の平均得点を入れました。

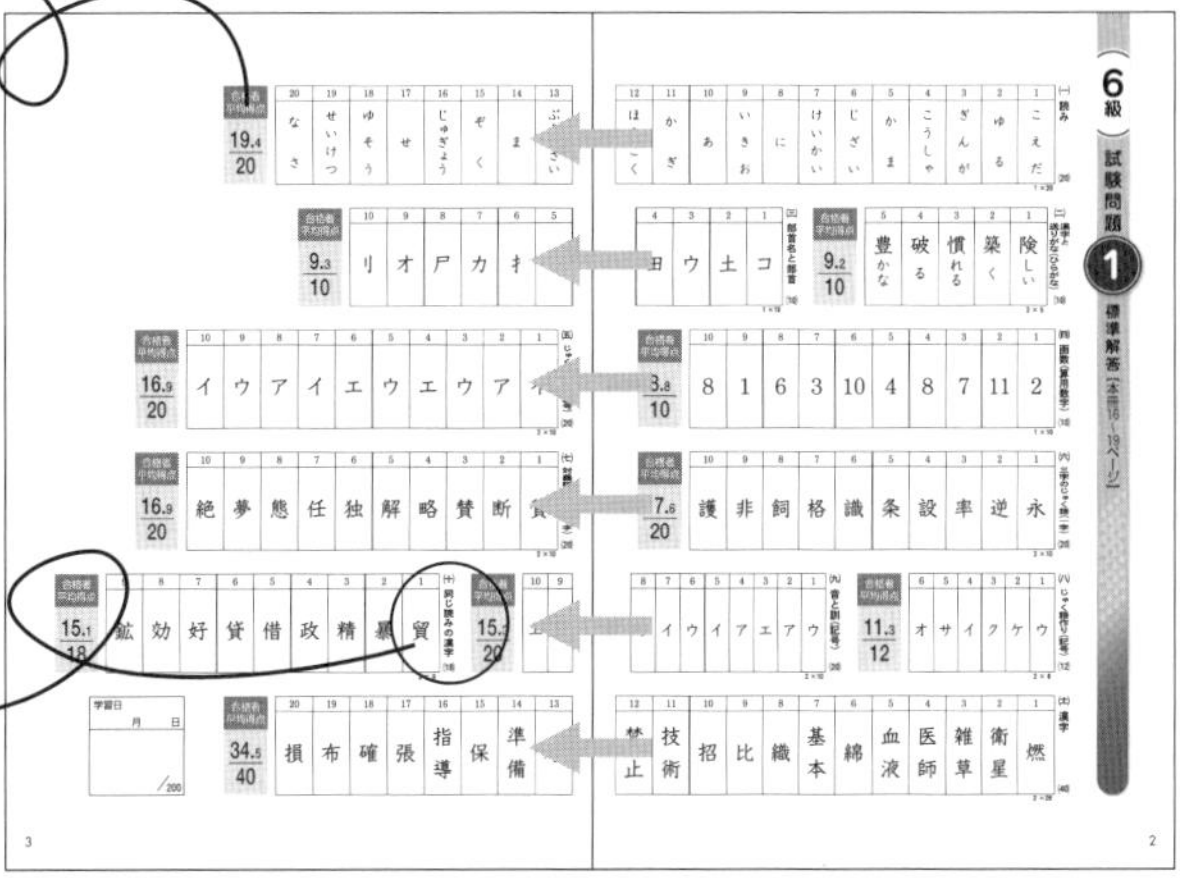

設問項目を表示しています。これは、《データでみる「漢検」》の設問項目別正答率グラフと対応しています。

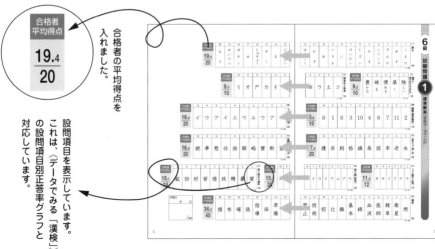

「漢検」受検 Q＆A

●検定当日について

Q 当日は何を持っていけばよいですか？

A 受検票（公開会場の場合）と筆記用具は必ず持ってきてください。

受検票は検定日の1週間くらい前にとどきます。

鉛筆《えんぴつ》またはシャープペンシルは、HB・B・2Bのものを使ってください。何本か多めに持っていくとよいでしょう。ボールペンや万年筆、こすって消せるペン（こすることで無色になる特別なインクを使ったペン）などを使うことはできません。

消しゴムもわすれずに持っていきましょう。

Q そのほかに注意することは何ですか？

A 検定開始の10分前から、答案用紙への記入方法などについて説明をしますので、検定開始の15分前には会場に入り、席についていてください。

けいたい電話やゲーム、電子辞書などは、電源《でんげん》を切り、かばんにしまってから会場に入りましょう。

席についたら、受検票と筆記用具を机《つくえ》の上に置いて、係員の説明をよく聞いてください。

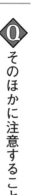

●答案について

Q 標準解答の見方は?

A 例

無粋
不粋

「無粋」「不粋」どちらでも正解とします。

ぶんぴ
ぶんぴつ

「ぶんぴ」「ぶんぴつ」どちらでも正解とします。

Q 標準解答に、複数の答えが示されている場合、そのすべてを答えないと正解にならないのか?

A 標準解答に、複数の答えが示されている場合、そのうちどれか一つが正しく書けていれば正解とします。すべてを書く必要はありません。

なお、答えを複数書いた場合、そのなかの一つでも間違っていれば不正解としますので、注意してください。

例 問題 次の――線の**漢字の読み**を**ひらがな**で記せ。

現在の地位に執着する。

標準解答

しゅうじゃく
しゅうちゃく

解答例

解答	判定
しゅうじゃく	○
しゅうちゃく	○
しゅうじゃく しゅうちゃく	○
しっちゃく しゅうちゃく	×

Q 答えを漢字で書く際に注意することは？

A 漢字は、楷書で丁寧に、解答欄内に大きくはっきりと書いてください。くずした字や乱雑な字などは採点の対象外とします(※)。教科書体を参考にして、はねるところ、とめるところなどもはっきり書きましょう。

特に、次に示す点に注意してください。

①画数を正しく書く

例
様…○　様…×　糸…○　糸…×
話…○　話…×　昼…○　昼…×

②字の骨組みを正しく書く

例
堂…○　堂…×　踏…○　踏…×
独…○　独…×　想…○　想…×

③突き出るところ、突き出ないところを正しく書く

例
車…○　車…×　降…○　降…×
角…○　角…×　重…○　重…×

④字の組み立てを正しく書く

例
潔…○　潔…×　落…○　落…×
染…○　染…×　薄…○　薄…×

⑤一画ずつ丁寧に書く

例
池…○　池…×　鳥…○　鳥…×
改…○　改…×　戦…○　戦…×

⑥よく似た別の字（または字の一部分）と区別がつくように書く

例
土／士　未／末
壬／王　干／千

（※）採点の対象外とする字とは？

自分だけが読み取れれば良いメモなどとは違い、検定では誰が見ても正しく読み取れる字を書かなければ正解とはなりません。

くずした字や乱雑な字など、字体（文字の骨組み）が読み取れない字は採点の対象外とし、不正解とします。また、答案用紙は機械で読み取るため、機械が読み取らないほど薄い字も、採点の対象外です。

●採点の対象外とする字の例

・細部が潰れている字

例

・続け字

例

・小さい字（周りの四角は解答欄を表す）

例

・消したかどうかわからない部分がある字

例

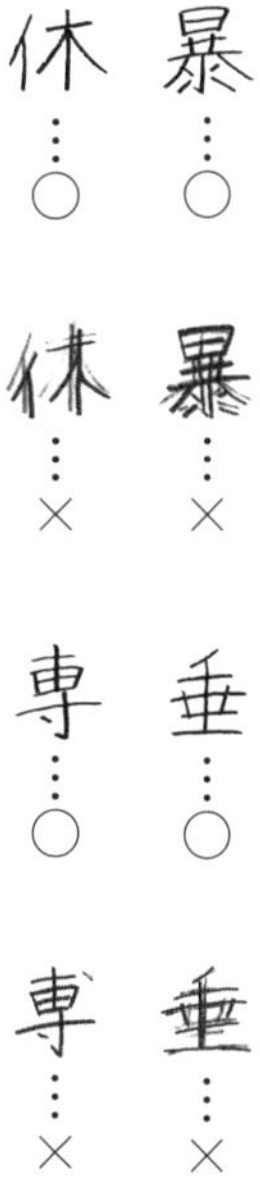

・不要な部分がある字

例

Q 答えをひらがなで書く際に注意することは？

A 漢字を書くときと同様に、楷書で丁寧に書いてください。特に、次に示す点に注意してください。

①バランスがくずれると区別がつきにくくなる字は、区別がつくように丁寧に書く

例　い／り　か／や　く／し
　　て／へ　ゆ／わ　い／こ

②拗音《ようおん》「ゃ」「ゅ」「ょ」や促音《そくおん》「っ」は小さく右に寄せて書く

例　いしゃ…○　いしや…×
　　がっこう…○　がつこう…×

③濁点「゛」や半濁点「゜」をはっきり書く

例　が…○　か゛…×　が…×
　　ぱ…○　ぱ…×　ぱ…×

④一画ずつ丁寧に書く

例　な…○　な…×　ふ…○　ふ…×
　　う…○　う…×　も…○　も…×

Q 2～10級の検定で、旧字体や「常用漢字表」に示されていない漢字（表外漢字）、歴史的仮名遣《かなづか》いを用いて答えてもよいか？

A 2～10級の解答には、常用漢字および現代仮名遣いを用いてください。旧字体や表外漢字、歴史的仮名遣いを用いた解答は不正解とします。

また、「常用漢字表」に示されていない読み（表外読み）を用いた解答も不正解とします。

例1　問題　次の――線のカタカナを漢字に直せ。
　　　信号がテンメツしている。
　　解答例　点滅………○
　　　　　　點滅………×　「點」が旧字体

例2　問題　次の――線の漢字の読みをひらがなで記せ。
　　　池にうっすらと氷がはる。
　　解答例　こおり……○
　　　　　　こほり……×　「こほり」は歴史的仮名遣い

例3 問題 次の――線のカタカナを漢字に直せ。

紙くずをごみ箱にスてる。

解答例 捨……○

棄……× 「棄」の訓読み「す(てる)」は表外読み

Q 「遡」を「遡」、「餅」を「餅」と書いてもよいか？

A 2～10級の検定では、「常用漢字表」に示された字体を用いて答えなければなりません。ただし、例外として、平成22（2010）年告示「常用漢字表」で追加された漢字のうち、許容字体が併せて示されたものは正解とします。

「遡」や「餅」という字体はこの例外に当てはまりますので、正解となります。

Q 次の例ではどちらが正しい書き方か？

A ①

言 「言」か「言」か

条 「条」か「条」か

令 「令」か「令」か

どちらの書き方でも正解とします。

こうした違いについては、「常用漢字表」の「（付）字体についての解説」に、「印刷文字と手書き文字におけるそれぞれの習慣の相違に基づく表現の差と見るべきもの」として例示されており、字体としては同じ（どちらで書いてもよい）とされています。

②

溺 「溺」か「溺」か

頬 「頬」か「頬」か

剥 「剥」か「剥」か

どちらの書き方でも正解とします。

これらのように、印刷文字と手書き文字におけるそれぞれの習慣の相違に基づく表現の差が、字体（文字の骨組み）の違いに及ぶ場合もありますが、いわば例外的なものです。

Q 「比」「衣」「越」などは「乚」と書くのか「し」と書くのか？

A 「比」「衣」「越」などの「乚」の部分は、活字のデザインにおいて、一画で書く「し」の折れを強調したものです。

検定では、次に示す教科書体を手本にして、「し」のように一画で書いてください。

例　衣　越　猿　仰　氏　紙　長
底　展　農　比　民　裏　留

Q 解答方法で注意することは？

A 問題文をよく読んで答えましょう。答える部分や答え方など、問題文に指定がある場合は、必ずそれに従って答えてください。問題文の指定に合っていない答えは不正解とします。

特に、次に示す点に注意してください。

①「答えを一字書きなさい」と指定があれば「一字」のみ答える

例　問題　後の□内のひらがなを**漢字**に直して□に入れ、**四字熟語**を完成せよ。□内のひらがなは一度だけ使い、**答案用紙に一字記入**せよ。

新進気□　［い・えい・えん・かん］

解答例　鋭……………○
気鋭…………×
新進気鋭……×

②「ひらがなで書きなさい」と指定があれば「ひらがな」で答える

例　問題　次の——線の**カタカナを漢字一字と送りがな（ひらがな）**に直せ。

交番で道を**タズネル**。

解答例　尋ねる……○　尋ネル……×

③「算用数字で書きなさい」と指定があれば「算用数字」で答える

例　問題　次の漢字の**太い画**のところは**筆順の何画目か、算用数字**（1、2、3…）で答えなさい。

若

解答例　4……○　四……×

④「——線の漢字の読みを書きなさい」と指定があれば「——線」部分のみ答える

例　問題　次の——線の**漢字の読みをひらがな**で記せ。

駅の昇降口が混雑している。

解答例　しょうこう……○　しょうこうぐち……×

⑤「——線の右に書きなさい」と指定があれば「——線の右」に記入する

例　問題　つぎの——線の**漢字の読みがな**を——線の**右**に書きなさい。

ベランダの植木に水をやる。

解答例　ベランダの植木《うえき》に水をやる。……○

ベランダの植木《うえき》に水をやる。……×

試験問題	学 習 日	得 点
1	月 日	点
2	月 日	点
3	月 日	点
4	月 日	点
5	月 日	点
6	月 日	点
7	月 日	点
8	月 日	点
9	月 日	点
10	月 日	点
11	月 日	点
12	月 日	点
13	月 日	点

6級　試験問題

(一) 次の——線の**漢字の読み**を**ひらがな**で書きなさい。 (20) 1×20

1 梅の小枝でつぼみがふくらむ。
2 父の許しを得てパソコンを使う。
3 夜空に銀河がかがやく。
4 音楽室は校舎の二階にある。
5 たいこに向かってばちを構える。
6 スキー板を自在にあやつってすべる。
7 軽快なリズムに合わせておどる。
8 おばに似た人を街で見かけた。
9 勢いよくハードルをとびこえる。

(二) 次の——線の**カタカナ**を○の**中の漢字と送りがな（ひらがな）**で書きなさい。 (10) 2×5

〈例〉(投) ボールを**ナゲル**。 投げる

1 (険) **ケワシイ**山道が頂《ちょう》上まで続く。
2 (築) 川の上流にダムを**キズク**。
3 (慣) 新しい仕事にようやく**ナレル**。
4 (破) 平泳ぎの世界記録を**ヤブル**。
5 (豊) 緑**ユタカナ**公園を散歩する。

(三) 次の漢字の**部首名**と**部首**を書きなさい。**部首名**は、後の□から選んで**記号**で答えなさい。 (10) 1×10

〈例〉花・茶 （ア） 〔艹〕
部首名 部首

(四) 次の漢字の**太い画**のところは**筆順の何画目**か、また**総画数は何画**か、**算用数字**（1、2、3…）で答えなさい。 (10) 1×10

〈例〉投 何画目（5） 総画数〔7〕

	何画目	総画数
常	（1）	〔2〕
武	（3）	〔4〕
耕	（5）	〔6〕
団	（7）	〔8〕
版	（9）	〔10〕

10 竹で編んだかごにみかんをもる。

11 限られた時間で作文を書き上げた。

12 委員会の活動を学級に報告する。

13 重要文化財の絵画が公開される。

14 たまごをわってよくかき混ぜる。

15 イルカは、ほにゅう類に属する。

16 授業の始まりのあいさつをする。

17 むやみに人を責めてはいけない。

18 とれた魚をこおらせて輸送する。

19 清潔なタオルで顔をふく。

20 旅は道連れ 世は情け

	部首名	部首
墓・圧	（1）	（2）
留・畑	（3）	（4）
提・授	（5）	（6）
属・居	（7）	（8）
判・制	（9）	（10）

ア くさかんむり　イ てへん
ウ た　エ まだれ
オ りっとう　カ かばね しかばね
キ はば　ク のぎへん
ケ ひへん　コ つち

(五) 漢字を二字組み合わせたじゅく語では、二つの漢字の間に意味の上で、次のような関係があります。 (20) 2×10

ア 反対や対《つい》になる意味の字を組み合わせたもの。 （例…**上下**）

イ 同じような意味の字を組み合わせたもの。 （例…**森林**）

ウ 上の字が下の字の意味を説明（修飾《しょく》）しているもの。 （例…**海水**）

エ 下の字から上の字へ返って読むと意味がよくわかるもの。 （例…**消火**）

次の**じゅく語**は、右のア～エのどれにあたるか、**記号**で答えなさい。

1 道路
2 和洋
3 木造
4 営業
5 眼科

6 寄港
7 身体
8 昼夜
9 個性
10 増加

(六) 次の**カタカナ**を**漢字**になおし、**一字だけ**書きなさい。 (20) 2×10

1 **エイ**久的
2 **ギャク**方向
3 利用**リツ**
4 **セッ**計図
5 無**ジョウ**件
6 美意**シキ**
7 本**カク**化
8 **シ** 育 係
9 **ヒ** 売 品
10 弁 **ゴ** 士

(七) 後の□の中のひらがなを漢字になおして、**対義語**(意味が反対や対《つい》になることば)と、**類義語**(意味がよくにたことば)を書きなさい。□の中のひらがなは**一度だけ**使い、**漢字一字**を書きなさい。 (20) 2×10

対義語

応答―(1)問

(八) 上の読みの漢字を□の中から選び、( )にあてはめて**じゅく語**を作りなさい。
答えは**記号**で書きなさい。 (12) 2×6

カ	定(1)・(2)能 (3)去
サイ	火(4)・(5)点 国(6)的

ア 夏　イ 災　ウ 価　エ 再
オ 際　カ 妻　キ 果　ク 過
ケ 可　コ 化　サ 採　シ 才

(九) 漢字の読みには**音**と**訓**があります。次の**じゅく語の読み**は□の中のどの組み合わせになっていますか。ア〜エの**記号**で答えなさい。 (20) 2×10

ア 音と音　イ 音と訓
ウ 訓と訓　エ 訓と音

1 墓《はか》石《いし》

6 仏《ほとけ》心《ごころ》

(十) 次の――線の**カタカナ**を**漢字**になおしなさい。 (40) 2×20

1 山焼きの火が赤々と**モ**えている。
2 気象観測に人工**エイセイ**が使われる。
3 花だんに生えた**ザッソウ**をぬく。
4 おじは病院で内科の**イシ**をしている。
5 わたしの家族は同じ**ケツエキ**型だ。
6 **ワタ**のような雪がしんしんとふる。
7 ボールの受け方の**キホン**を習う。
8 色あざやかな糸でじゅうたんを**オ**る。
9 一月の積雪量を例年と**クラ**べる。

用心―油（2）

反対―（3）成

正式―（4）式

集合―（5）散

かい・さん・しつ・だん・りゃく

類義語

自立―（6）立

役目―（7）務

様子―状（8）

熱中―（9）中

失望―（10）望

ぜつ・たい・どく・にん・む

---

2 住《じゅう》居《きょ》

3 手《て》順《じゅん》

4 支《し》店《てん》

5 新《しん》顔《がお》

7 両《りょう》耳《みみ》

8 花《はな》束《たば》

9 留《りゅう》学《がく》

10 大《おお》判《ばん》

(十) 次の――線の**カタカナ**を**漢字**になおしなさい。 (18) 2×9

1 わが国の**ボウ**易の特色を調べる。

2 **ボウ**風のため飛行機が欠航になった。

3 スポーツで**セイ**神力をきたえる。

4 **セイ**治家が税金について話し合う。

5 道具を**カ**りて自転車を修理する。

6 お気に入りの本を友人に**カ**した。

7 妹の**コウ**物はケーキだ。

8 うがいはかぜの予防に**コウ**果的だ。

9 理科室で鉄の**コウ**石を見た。

---

10 ひな祭りに友達を家に**マネ**いた。

11 通信**ギジュツ**が急速に進歩した。

12 工事のために通行が**キンシ**された。

13 西の空が**アツ**い雲におおわれる。

14 明日の記念式典の**ジュンビ**をする。

15 平均台の上でバランスを**タモ**つ。

16 先生の**シドウ**で合唱の練習をする。

17 リレーの選手に選ばれて**ハ**り切る。

18 ねる前に戸じまりを**タシ**かめる。

19 花がらの**ヌノ**で服を作ってもらう。

20 **ソン**して得取れ

▼解答は別冊2・3ページ

試験問題 2 （6級）

(一) 次の――線の**漢字の読み**を**ひらがな**で書きなさい。 (20) 1×20

1 海辺のキャンプ場にテントを張る。
2 遊園地は想像以上に楽しかった。
3 春から夏へと季節が移り変わる。
4 試合は息づまるような接戦となった。
5 オランダの国王夫妻が来日する。
6 期待に応えられるよう努力する。
7 友達に赤えん筆を貸してあげた。
8 国民には税金をおさめる義務がある。
9 とうげまで険しい山道が続く。

(二) 次の――線の**カタカナ**を○**の中の漢字と送りがな（ひらがな）**で書きなさい。 (10) 2×5

〈例〉 (投) ボールを**ナゲル**。 投げる

1 (招) 親しい友人を家に**マネク**。
2 (再) 雨が**フタタビ**ふり出した。
3 (構) 四番打者がバットを**カマエル**。
4 (快) **ココロヨイ**風を受けて散歩する。
5 (耕) くわで畑を**タガヤス**。

(三) 次の漢字の**部首名**と**部首**を書きなさい。**部首名**は、後の□から選んで**記号**で答えなさい。 (10) 1×10

〈例〉 花・茶 部首名（ア） 部首（艹）

(四) 次の漢字の**太い画**のところは**筆順の何画目**か、また**総画数は何画**か、**算用数字**（1、2、3…）で答えなさい。 (10) 1×10

〈例〉 投 何画目（5） 総画数（7）

	何画目	総画数
能	（1）	（2）
織	（3）	（4）
眼	（5）	（6）
複	（7）	（8）
版	（9）	（10）

10 昨年の一月と七月の降《こう》水量を比べる。
11 父は学生時代の旧友に会いに行った。
12 まどのたてと横の長さを測る。
13 学校で読書に関する調査が行われた。
14 リズムや音程に気をつけて合唱する。
15 適切な例を挙げて説明した。
16 ピアニストを志して留学する。
17 感謝の気持ちを手紙に書く。
18 赤くなったサクランボを採った。
19 個性的な色づかいの絵画を見た。
20 三人寄ればもんじゅのちえ

	部首名	部首
因・囲	（1）	（2）
際・防	（3）	（4）
管・築	（5）	（6）
判・刊	（7）	（8）
厚・原	（9）	（10）

ア くさかんむり　イ こざとへん
ウ くにがまえ　エ のぶん ぼくづくり
オ がんだれ　カ りっしんべん
キ りっとう　ク たけかんむり
ケ もんがまえ　コ まだれ

(五) 漢字を二字組み合わせたじゅく語では、二つの漢字の間に意味の上で、次のような関係があります。 (20) 2×10

ア 反対や対《つい》になる意味の字を組み合わせたもの。（例…**上下**）
イ 同じような意味の字を組み合わせたもの。（例…**森林**）
ウ 上の字が下の字の意味を説明（修飾《しょく》）しているもの。（例…**海水**）
エ 下の字から上の字へ返って読むと意味がよくわかるもの。（例…**消火**）

次の**じゅく語**は、右のア〜エのどれにあたるか、**記号**で答えなさい。

1 増減
2 球技
3 得失
4 断水
5 居住
6 求職
7 護身
8 往復
9 停止
10 国境

(六) 次の**カタカナ**を**漢字**になおし、**一字だけ**書きなさい。

(20) 2×10

1 **ギャク**効果

2 **リク**海空

3 低血**アツ**

4 **ヒ**公開

5 平**キン**的

6 液**ジョウ**化

7 **ユ**入品

8 **ショウ**明書

9 無制**ゲン**

10 貿**エキ**港

(七) 後の□の中のひらがなを漢字になおして、**対義語**（意味が反対や対《つい》になることば）と、**類義語**（意味がよくにたことば）を書きなさい。□の中のひらがなは**一度だけ**使い、**漢字一字**を書きなさい。

(20) 2×10

対義語

共同 ― 単（1）

(八) 上の読みの漢字を□の中から選び、（　）にあてはめて**じゅく語**を作りなさい。答えは**記号**で書きなさい。

(12) 2×6

エイ	（1）星・（2）遠　運（3）
キ	（4）本・（5）付　（6）制

ア 営　イ 寄　ウ 規　エ 泳
オ 栄　カ 紀　キ 永　ク 希
ケ 期　コ 英　サ 基　シ 衛

(九) 漢字の読みには**音**と**訓**があります。次の**じゅく語の読み**は□の中のどの組み合わせになっていますか。ア〜エの**記号**で答えなさい。

(20) 2×10

ア 音と音　イ 音と訓
ウ 訓と訓　エ 訓と音

1 桜《さくら》色《いろ》

6 火《か》災《さい》

(十) 次の――線の**カタカナ**を**漢字**になおしなさい。

(40) 2×20

1 水玉もようの**ヌノ**でふくろを作る。

2 竹を組んで朝顔のつるを**ササ**える。

3 **ヒサ**しぶりによい天気になった。

4 観光客の**ダンタイ**がバスに乗りこむ。

5 とび箱を**イキオ**いよくとびこす。

6 **セイケツ**なふきんで食器をふく。

7 小説を**ムチュウ**になって読んだ。

8 **コウシャ**の二階に図工室がある。

9 クヌギの**ミキ**にかぶと虫が集まる。

希望―（ 2 ）望
禁止―許（ 3 ）
子孫―先（ 4 ）
修理―破（ 5 ）

か・ぜつ・ぞ・そん・どく

類義語

用意―（ 6 ）備
目的―目（ 7 ）
体験―（ 8 ）験
残金―残（ 9 ）
生産―製（ 10 ）

がく・けい・じゅん・ぞう・ひょう

2 建設《けんせつ》
3 手相《てそう》
4 枝先《えださき》
5 仕事《しごと》

7 綿雲《わたぐも》
8 暴力《ぼうりょく》
9 両側《りょうがわ》
10 指図《さしず》

(十) 次の――線の**カタカナ**を**漢字**になおしなさい。 (18) 2×9

1 家族そろって夕《ゆう》**ハン**を食べる。
2 事件の**ハン**人がつかまった。
3 台形やひし形の面**セキ**を求める。
4 理科の成**セキ**が上がった。
5 目覚まし時計が**ナ**る前に起きた。
6 新しい土地での生活に**ナ**れてきた。
7 **ドウ**は熱をよく伝える金属だ。
8 コーチに平泳ぎの指**ドウ**を受ける。
9 食**ドウ**で焼きそばを注文する。
10 話の**ナイヨウ**が十分に理解できた。
11 旅行先で名物の**エキベン**を買った。
12 **サンソ**がなければ人は生きられない。
13 自由研究のテーマを何にするか**マヨ**う。
14 学芸会の劇《げき》で**エン**じる役を決める。
15 **ビジュツ**館で日本画をかん賞する。
16 台風の**ゲンザイ**の位置を確かめる。
17 商店街が買い物客で**コンザツ**する。
18 雨の休日は音楽を聞いて**ス**ごす。
19 米の品種改良に情熱を**モ**やす。
20 **アマ**り物には福がある

▼解答は別冊4・5ページ

（一） 次の――線の**漢字の読み**を**ひらがな**で書きなさい。 (20) 1×20

1 白い波が岸に打ち寄せる。
2 今月の学級目標について提案する。
3 古紙を再生したコピー用紙を使う。
4 二色の絵の具を筆先で混ぜる。
5 木の幹に野鳥のための巣箱を付ける。
6 この店は深夜まで営業している。
7 実在の人物をえがいた小説を読む。
8 人の失敗を責めるのはよくない。
9 出生数に関する統計が発表された。

（二） 次の――線の**カタカナ**を○**の中の漢字と送りがな（ひらがな）**で書きなさい。 (10) 2×5

〈例〉 (投) ボールを**ナゲル**。 投げる

1 (勢) 川の流れが**イキオイ**を増す。
2 (導) チームを勝利に**ミチビク**。
3 (設) 花火大会の見物席を**モウケル**。
4 (険) **ケワシイ**道が頂上《ちょう》まで続く。
5 (志) 科学者を**ココロザス**。

（三） 次の漢字の**部首名**と**部首**を書きなさい。**部首名**は、後の□から選んで**記号**で答えなさい。 (10) 1×10

〈例〉 花・茶 部首名（ア） 部首（艹）

（四） 次の漢字の**太い画**のところは**筆順の何画目か**、また**総画数は何画か**、**算用数字**（1、2、3…）で答えなさい。 (10) 1×10

〈例〉 投 何画目（5） 総画数（7）

	何画目	総画数
提	（1）	（2）
績	（3）	（4）
率	（5）	（6）
評	（7）	（8）
際	（9）	（10）

10 まきじゃくで木の周りの長さを測る。

11 友達にかさを貸してもらった。

12 「夏の大三角」を肉眼でさがす。

13 初めて来た土地で道に迷う。

14 弟は野球に興味を持っている。

15 耕した畑に肥料を入れる。

16 軽快な音楽に合わせてダンスをする。

17 キーパーがシュートに身構える。

18 梅の実を採って塩づけにする。

19 山地や山脈の名前を正確に覚える。

20 団結は力なり

	部首名	部首
資・貿	（1）	（2）
因・団	（3）	（4）
述・適	（5）	（6）
照・熱	（7）	（8）
祝・祖	（9）	（10）

ア くさかんむり
イ くにがまえ
ウ おおがい
エ しんにょう しんにゅう
オ こころ
カ しめすへん
キ れんが れっか
ク かい こがい
ケ えんにょう
コ こころもへん

(五) 漢字を二字組み合わせたじゅく語では、二つの漢字の間に意味の上で、次のような関係があります。 **(20)** 2×10

ア 反対や対《つい》になる意味の字を組み合わせたもの。 (例…**上下**)

イ 同じような意味の字を組み合わせたもの。 (例…**森林**)

ウ 上の字が下の字の意味を説明(修飾《しょく》)しているもの。 (例…**海水**)

エ 下の字から上の字へ返って読むと意味がよくわかるもの。 (例…**消火**)

次の**じゅく語**は、右のア～エのどれにあたるか、**記号**で答えなさい。

1 昼夜

2 禁止

3 集散

4 造園

5 墓地

6 絶食

7 永遠

8 悪夢

9 自他

10 旧式

(六) 次のカタカナを漢字になおし、一字だけ書きなさい。 (20) 2×10

1 大**サイ**害
2 不合**カク**
3 **エイ**生的
4 無期**ゲン**
5 **ベン**護士
6 新校**シャ**
7 **セイ**治家
8 市民**ゼイ**
9 調 **サ** 書
10 **キン**等化

(七) 後の□の中のひらがなを漢字になおして、**対義語**(意味が反対や対《つい》になることば)と、**類義語**(意味がよくにたことば)を書きなさい。□の中のひらがなは**一度だけ**使い、**漢字一字**を書きなさい。 (20) 2×10

対義語

質問―(1)答

(八) 上の読みの漢字を□の中から選び、( )にあてはめて**じゅく語**を作りなさい。答えは**記号**で書きなさい。 (12) 2×6

カ	(1)面・通(2) 許(3)
ジョウ	賞(4)・(5)件 (6)温

ア 状　イ 価　ウ 条　エ 情
オ 場　カ 可　キ 過　ク 常
ケ 河　コ 乗　サ 加　シ 仮

(九) 漢字の読みには**音**と**訓**があります。次の**じゅく語の読み**は□の中のどの組み合わせになっていますか。ア～エの**記号**で答えなさい。 (20) 2×10

ア 音と音　イ 音と訓
ウ 訓と訓　エ 訓と音

1 綿《わた》雪《ゆき》
6 布《ぬの》製《せい》

(十) 次の――線の**カタカナ**を**漢字**になおしなさい。 (40) 2×20

1 夕日が**モ**えるように赤い。
2 **ヒサ**しぶりに市立図書館へ行った。
3 町の功労者の**ドウゾウ**を建てる。
4 **ヤサ**しい問題から取りかかる。
5 読書を通して**チシキ**を深める。
6 ハンカチで**ヒタイ**のあせをふく。
7 今と昔の子どもの遊びを**クラ**べる。
8 **ジコ**のため列車が大はばにおくれた。
9 教室でメダカを**シイク**している。

共同―単(2)

気体―(3)体

修理―(4)損

肉体―(5)神

えき・おう・せい・どく・は

類義語

同意―(6)成

才能―(7)質

用意―(8)備

運送―(9)送

家屋―住(10)

きょ・さん・じゅん・そ・ゆ

---

2 係《かかり》長《ちょう》

3 厚《あつ》紙《がみ》

4 先《せん》手《て》

5 支《し》柱《ちゅう》

---

7 余《よ》分《ぶん》

8 無《む》口《くち》

9 武《ぶ》道《どう》

10 境《さかい》目《め》

(十) 次の――線の**カタカナ**を**漢字**になおしなさい。

(18) 2×9

1 自分の思いを詩に表**ゲン**する。

2 市の人口が**ゲン**少している。

3 朝の散歩を習**カン**にしている。

4 人気作家の新**カン**書を買う。

5 校庭の鉄棒《ぼう》で**サカ**上がりをする。

6 長い**サカ**を休まずに歩く。

7 **ハン**罪をなくす活動に取り組む。

8 選手の着順を写真で**ハン**定する。

9 図工の時間に木**ハン**画を作る。

10 竹で**ア**んだかごに果物をもる。

11 **ビジュツ**館でフランスの絵画を見た。

12 **テイキアツ**が近づいて雨雲が広がる。

13 歯をみがいて虫歯を**ヨボウ**する。

14 **ユタ**かな水を生かして米作りを行う。

15 **ゾウキ**林でセミが鳴いている。

16 学芸会の劇《げき》で主役を**エン**じた。

17 桜の**エダ**に小鳥がとまっている。

18 **ホケン**室でけがの手当てを受ける。

19 姉は書道部に**ショゾク**している。

20 **ホトケ**の顔も三度

▼解答は別冊6・7ページ

㈠ 次の――線の漢字の読みをひらがなで書きなさい。 (20) 1×20

1 雨上がりに美しいにじが現れた。
2 代表委員会で司会を務める。
3 いつも清潔なハンカチを持っている。
4 細くけずった竹でかごを編む。
5 花火大会の観覧《らん》席が設けられる。
6 交通安全に関する講習を受ける。
7 夜空に銀河がかがやく。
8 授業の始まりのあいさつをする。
9 コウモリは、ほにゅう類に属する。

㈡ 次の――線のカタカナを○の中の漢字と送りがな（ひらがな）で書きなさい。 (10) 2×5

〈例〉(投) ボールを**ナゲル**。 投げる

1 (険) 登山隊が**ケワシイ**山道を進む。
2 (測) プールの水温を**ハカル**。
3 (許) 先生の**ユルシ**を得て音楽室を使う。
4 (耕) 広い畑を**タガヤス**。
5 (述) 提案の理由を**ノベル**。

㈢ 次の漢字の**部首名**と**部首**を書きなさい。**部首名**は、後の□から選んで**記号**で答えなさい。 (10) 1×10

〈例〉花・茶 （ア）［艹］
部首名 部首

㈣ 次の漢字の**太い画**のところは**筆順の何画目**か、また**総画数は何画**か、**算用数字**（1、2、3…）で答えなさい。 (10) 1×10

	何画目	総画数
〈例〉投	（5）	（7）
率	（1）	（2）
桜	（3）	（4）
義	（5）	（6）
貿	（7）	（8）
布	（9）	（10）

10 谷川の水が勢いよく流れる。
11 むずかしい語句の意味を調べた。
12 選手がボールを自在にあやつる。
13 見わたす限りつつじがさいている。
14 試合は息づまるような接戦になった。
15 たいこに向かってばちを構えた。
16 大切な文化財を火災から守る。
17 評判のよいレストランに出かける。
18 昔の人々のくらしを想像してみる。
19 ダムが水を豊かにたくわえている。
20 旅は道連れ 世は情け

	部首名	部首
往・徳	（1）	（2）
在・墓	（3）	（4）
団・囲	（5）	（6）
額・願	（7）	（8）
罪・置	（9）	（10）

ア くさかんむり　イ めへん
ウ あみがしら あみめ よこめ　エ おおがい
オ ぎょうにんべん　カ もんがまえ
キ つち　ク にんべん
ケ かい こがい　コ くにがまえ

(五) 漢字を二字組み合わせたじゅく語では、二つの漢字の間に意味の上で、次のような関係があります。 **(20)** 2×10

ア 反対や対《つい》になる意味の字を組み合わせたもの。（例…**上下**）
イ 同じような意味の字を組み合わせたもの。（例…**森林**）
ウ 上の字が下の字の意味を説明（修飾《しょく》）しているもの。（例…**海水**）
エ 下の字から上の字へ返って読むと意味がよくわかるもの。（例…**消火**）

次の**じゅく語**は、右のア～エのどれにあたるか、**記号**で答えなさい。

1 夫妻
2 救助
3 造船
4 小枝
5 謝罪
6 損得
7 初夢
8 製作
9 休職
10 往復

(六) 次の**カタカナ**を**漢字**になおし、**一字だけ**書きなさい。 (20) 2×10

1 **ホ**育所
2 消**ボウ**車
3 **ヒ**常識
4 住民**ゼイ**
5 塩加**ゲン**

6 **ショウ**竹梅
7 **ドク**自性
8 不**カ**能
9 **ゼッ**好調
10 **エイ**生的

(七) 後の□の中のひらがなを漢字になおして、**対義語**(意味が反対や対《たい》になることば)と、**類義語**(意味がよくにたことば)を書きなさい。□の中のひらがなは**一度だけ**使い、**漢字一字**を書きなさい。 (20) 2×10

対義語

順風―(1)風

(八) 上の読みの漢字を□の中から選び、( )にあてはめて**じゅく語**を作りなさい。答えは**記号**で書きなさい。 (12) 2×6

セイ	(1)神・(2)府 (3)服
カン	習(4)・朝(5) (6)線

ア 館	イ 精	ウ 制	エ 刊
オ 整	カ 漢	キ 政	ク 静
ケ 幹	コ 完	サ 晴	シ 慣

(九) 漢字の読みには**音**と**訓**があります。次の**じゅく語の読み**は□の中のどの組み合わせになっていますか。ア〜エの**記号**で答えなさい。 (20) 2×10

ア 音と音	イ 音と訓
ウ 訓と訓	エ 訓と音

1 横《よこ》町《ちょう》

6 織《おり》物《もの》

(十) 次の――線の**カタカナ**を**漢字**になおしなさい。 (40) 2×20

1 **ベントウ**を持って遠足に行く。
2 二つの三角形の面積を**クラ**べる。
3 父と兄は声がよく**ニ**ている。
4 体力に**オウ**じた運動を続ける。
5 ちょうが花から花へと飛び**ウツ**る。
6 自転車による**ジコ**が増えている。
7 **アマ**ったおかしを戸だなにしまう。
8 太いロープがつり橋を**ササ**えている。
9 **ケツエキ**は体中に酸素や養分を運ぶ。

結果―原（2）
接続―切（3）
子孫―先（4）
正式―（5）式

いん・ぎゃく・ぞ・だん・りゃく

類義語

中身―内（6）
用意―（7）備
永遠―永（8）
発行―出（9）
運送―（10）送

きゅう・じゅん・ぱん・ゆ・よう

2 桜《さくら》貝《がい》
3 混《こん》合《ごう》
4 仏《ほとけ》様《さま》
5 格《かく》安《やす》
7 建《けん》築《ちく》
8 旧《きゅう》型《がた》
9 道《みち》順《じゅん》
10 解《かい》決《けつ》

(十) 次の――線の**カタカナ**を**漢字**になおしなさい。 (18) 2×9

1 選手は**ドウ**メダルを勝ち取った。
2 先生から水泳の指**ドウ**を受ける。
3 **アツ**いスープを少し冷まして飲む。
4 分**アツ**い辞典が本だなにならぶ。
5 植物を**サイ**集して標本を作る。
6 **サイ**終電車で旅行から帰ってきた。
7 石油の**カ**格は変動しやすい。
8 台風が通**カ**して快晴になった。
9 **カ**説が正しいか実験で確かめる。

10 おじは書店を**イトナ**んでいる。
11 荷物の重みで紙ぶくろが**ヤブ**れた。
12 海岸に白い波が打ち**ヨ**せる。
13 走り方の**キホン**をコーチに教わる。
14 理科室は**コウシャ**の三階にある。
15 音楽会は午後一時に**カイエン**した。
16 熊が出たので入山が**キンシ**される。
17 青空に**ワタ**のような雲がうかぶ。
18 **キソク**正しい生活を心がける。
19 **ゾウキ**林でムクドリが鳴いている。
20 船は船頭に**マカ**せよ

▼解答は別冊8・9ページ

(一) 次の――線の**漢字の読み**を**ひらがな**で書きなさい。 (20) 1×20

1 桜の葉の緑が日ごとにこくなる。
2 選手の胸《むね》に銅メダルがかがやく。
3 校舎のまどから古い町なみが見える。
4 得点のチャンスが再びおとずれた。
5 社会科見学の時に班《はん》長を務めた。
6 すみわたった夜空に銀河が広がる。
7 オペラ歌手が張りのある声で歌う。
8 イワシは栄養価の高い魚だ。
9 しわの寄った服にアイロンをかける。

(二) 次の――線の**カタカナ**を○**の中の漢字と送りがな**（**ひらがな**）で書きなさい。 (10) 2×5

〈例〉 (投) ボールを**ナゲル**。 投げる

1 (移) 本だなをとなりの部屋へ**ウツス**。
2 (比) 地表と地中の温度を**クラベル**。
3 (快) **ココロヨイ**風がほおをなでる。
4 (混) 小麦粉に牛乳《にゅう》を加えて**マゼル**。
5 (耕) トマトを植える畑を**タガヤス**。

(三) 次の漢字の**部首名**と**部首**を書きなさい。**部首名**は、後の□から選んで**記号**で答えなさい。 (10) 1×10

〈例〉 花・茶 （ア）〔艹〕
部首名 部首

(四) 次の漢字の**太い画**のところは**筆順**の**何画目**か、また**総画数**は**何画**か、**算用数字**（1、2、3…）で答えなさい。 (10) 1×10

〈例〉 投 何画目（5） 総画数〔7〕

	何画目	総画数
墓	（1）	（2）
似	（3）	（4）
減	（5）	（6）
眼	（7）	（8）
編	（9）	（10）

10 慣用句を使って短い文を作る。

11 兄は大学で英文学を修めた。

12 天体望遠鏡で土星の観測をする。

13 山ぶどうのつるでかごを編む。

14 受賞者が喜びの心境を語る。

15 外務大臣が国際会議に出席する。

16 和紙はじょうぶで破れにくい。

17 豊作をいのる祭りが行われる。

18 額のあせをふきながら坂道を上る。

19 易しい計算をまちがえてしまった。

20 能あるたかはつめをかくす

5

	部首名	部首
桜・枝	（1）	（2）
迷・逆	（3）	（4）
基・在	（5）	（6）
険・陸	（7）	（8）
因・固	（9）	（10）

ア くさかんむり　イ のぎへん
ウ ひとやね　エ きへん
オ こざとへん　カ しんにょう／しんにゅう
キ えんにょう　ク くにがまえ
ケ どうがまえ／けいがまえ／まきがまえ　コ つち

(五) 漢字を二字組み合わせたじゅく語では、二つの漢字の間に意味の上で、次のような関係があります。 **(20)** 2×10

ア 反対や対《つい》になる意味の字を組み合わせたもの。（例…**上下**）

イ 同じような意味の字を組み合わせたもの。（例…**森林**）

ウ 上の字が下の字の意味を説明(修飾《しょく》)しているもの。（例…**海水**）

エ 下の字から上の字へ返って読むと意味がよくわかるもの。（例…**消火**）

次の**じゅく語**は、右のア～エのどれにあたるか、**記号**で答えなさい。

1 初夢

2 均等

3 特技

4 明暗

5 造船

6 新旧

7 勝因

8 単複

9 採取

10 増税

(六) 次の**カタカナ**を**漢字**になおし、**一字**だけ書きなさい。 (20) 2×10

1 **ゲン**実性
2 血**アツ**計
3 非効**リツ**
4 **エイ**久的
5 調**サ**書
6 **メン**織物
7 無**セキ**任
8 鉄**コウ**石
9 金**ゾク**製
10 弁**ゴ**士

(七) 後の□の中のひらがなを漢字になおして、**対義語**(意味が反対や対《つい》になることば)と、**類義語**(意味がよくにたことば)を書きなさい。□の中のひらがなは**一度だけ**使い、**漢字一字**を書きなさい。 (20) 2×10

対義語

禁止 ― 許(1)

(八) 上の読みの漢字を□の中から選び、( )にあてはめて**じゅく語**を作りなさい。答えは**記号**で書きなさい。 (12) 2×6

ジョウ	友(1)・(2)約 礼(3)
ハン	防(4)・(5)画 (6)断

ア 判	イ 常	ウ 飯	エ 乗
オ 情	カ 犯	キ 状	ク 場
ケ 反	コ 条	サ 版	シ 半

(九) 漢字の読みには**音**と**訓**があります。次の**じゅく語の読み**は□の中のどの組み合わせになっていますか。ア〜エの**記号**で答えなさい。 (20) 2×10

ア 音と音	イ 音と訓
ウ 訓と訓	エ 訓と音

1 勢《せい》力《りょく》

6 雑《ぞう》木《き》

(十) 次の――線の**カタカナ**を**漢字**になおしなさい。 (40) 2×20

1 話し合った**ナイヨウ**をノートに書く。
2 雨の日は読書をして**ス**ごす。
3 職人が**ヌノ**を青色にそめる。
4 **ビジュツ**館で日本の名画を見た。
5 夏休みの間も**キソク**正しく生活する。
6 しずむ夕日が**モ**えるように赤い。
7 泳ぐ前に**ジュンビ**運動をする。
8 本堂に安置された**ブツゾウ**をおがむ。
9 朝顔のつるを竹の棒《ぼう》で**ササ**える。

子孫—先（2）
反対—（3）成
損失—利（4）
予習—（5）習

えき・か・さん・ぞ・ふく

類義語

自立—（6）立
関心—（7）味
教授—指（8）
返事—（9）答
保健—（10）生

えい・おう・きょう・どう・どく

2 墓《はか》石《いし》
3 仮《か》定《てい》
4 親《しん》身《み》
5 店《みせ》番《ばん》

7 志《し》望《ぼう》
8 花《はな》束《たば》
9 建《たて》具《ぐ》
10 厚《あつ》着《ぎ》

（十） 次の——線の**カタカナ**を**漢字**になおしなさい。 **（18）** 2×9

1 朝**カン**で昨日の事件を知った。
2 家族旅行で新**カン**線に乗った。
3 **セイ**神を集中して試験にのぞむ。
4 手をあらって**セイ**潔にする。
5 一輪車を仲のよい友人に**カ**す。
6 図書館で歴史小説を**カ**りる。
7 話し合いの**シ**会をする。
8 学校でうさぎを**シ**育している。
9 母は教員の**シ**格を持っている。
10 大切な文化財を**サイガイ**から守る。
11 学習発表会に地域《いき》の人を**マネ**く。
12 波の音が**タ**え間なく聞こえる。
13 大量の自動車を船で**ユシュツ**する。
14 弟は**タンサン**入りの飲み物が好きだ。
15 事故にあった人を**キュウジョ**する。
16 バレエで白鳥の役を**エン**じる。
17 **アマ**りのあるわり算を解く。
18 **ヒンシツ**のよい農作物を生産する。
19 おじは海辺で民宿を**イトナ**んでいる。
20 **ツミ**をにくんで人をにくまず

▼解答は別冊10・11ページ

(一) 次の――線の**漢字の読み**を**ひらがな**で書きなさい。 (20) 1×20

1 親切にしてくれた級友に感謝する。
2 祭りのかがり火が赤々と燃える。
3 総理大臣が国際会議に出席する。
4 姉は青いワンピースがよく似合う。
5 期日までに読書感想文を提出する。
6 ダイオウイカの生態の研究が進む。
7 先生の許しを得て体育館を使う。
8 ミズナラの木は地中深く根を張る。
9 川の上流にダムを築く。

(二) 次の――線の**カタカナ**を〇**の中の漢字と送りがな（ひらがな）**で書きなさい。 (10) 2×5

〈例〉 (投) ボールを**ナゲル**。 投げる

1 (限) 見わたす**カギリ**青い海が広がる。
2 (測) プールの水温を**ハカル**。
3 (易) **ヤサシイ**問題から解く。
4 (導) 係員が客を会場へ**ミチビク**。
5 (確) ことわざの意味を**タシカメル**。

(三) 次の漢字の**部首名**と**部首**を書きなさい。**部首名**は、後の□から選んで**記号**で答えなさい。 (10) 1×10

〈例〉 花・茶 部首名（ア） 部首〔艹〕

(四) 次の漢字の**太い画**のところは**筆順の何画目**か、また**総画数は何画**か、**算用数字**（1、2、3…）で答えなさい。 (10) 1×10

〈例〉 投 何画目（5） 総画数〔7〕

漢字	何画目	総画数
序	（1）	〔2〕
評	（3）	〔4〕
義	（5）	〔6〕
雑	（7）	〔8〕
防	（9）	〔10〕

10 森の中を快い風がふきぬける。

11 常に安全運転を心がける。

12 久しぶりに晴れ間がのぞいた。

13 なべの中のシチューをかき混ぜる。

14 定期的に消火器の点検を行う。

15 やんでいた雨が再びふり出した。

16 人工衛星の打ち上げに成功した。

17 町に残る文化財を大切にする。

18 日本の映《えい》画が世界で高く評価される。

19 新せんな魚をトラックで輸送する。

20 飼い犬に手をかまれる。

6

	部首名	部首
統・編	（1）	（2）
条・査	（3）	（4）
願・額	（5）	（6）
迷・適	（7）	（8）
貿・貧	（9）	（10）

ア くさかんむり	イ かい こがい
ウ き	エ えんにょう
オ しんにょう しんにゅう	カ おおざと
キ ころもへん	ク かたな
ケ おおがい	コ いとへん

(五) 漢字を二字組み合わせたじゅく語では、二つの漢字の間に意味の上で、次のような関係があります。 **(20)** 2×10

ア 反対や対《つい》になる意味の字を組み合わせたもの。（例…**上下**）

イ 同じような意味の字を組み合わせたもの。（例…**森林**）

ウ 上の字が下の字の意味を説明（修飾《しょく》）しているもの。（例…**海水**）

エ 下の字から上の字へ返って読むと意味がよくわかるもの。（例…**消火**）

次の**じゅく語**は、右のア〜エのどれにあたるか、**記号**で答えなさい。

1 売買

2 球技

3 休職

4 包囲

5 永遠

6 新設

7 勝敗

8 志望

9 採光

10 単複

(六) 次のカタカナを漢字になおし、一字だけ書きなさい。 (20) 2×10

1 低血**アツ**
2 **ベン**護士
3 不**カ**能
4 投票**リツ**
5 **ル**守番
6 **ボウ**力的
7 好成**セキ**
8 平**キン**化
9 **ショウ**明書
10 未**ケイ**験

(七) 後の□の中のひらがなを漢字になおして、**対義語**(意味が反対や対《つい》になることば)と、**類義語**(意味がよくにたことば)を書きなさい。□の中のひらがなは**一度だけ**使い、**漢字一字**を書きなさい。 (20) 2×10

対義語

基本 ——(1)用

(八) 上の読みの漢字を□の中から選び、( )にあてはめて**じゅく語**を作りなさい。
答えは**記号**で書きなさい。 (12) 2×6

セイ	(1)格・(2)潔 規(3)
ハン	(4)罪・(5)断 木(6)画

ア 精	イ 清	ウ 版	エ 反
オ 判	カ 勢	キ 性	ク 犯
ケ 制	コ 半	サ 飯	シ 省

(九) 漢字の読みには**音**と**訓**があります。次の**じゅく語の読み**は□の中のどの組み合わせになっていますか。ア〜エの**記号**で答えなさい。 (20) 2×10

ア 音と音　イ 音と訓
ウ 訓と訓　エ 訓と音

1 編《へん》集《しゅう》
6 分《ぶん》布《ぷ》

(十) 次の——線の**カタカナ**を**漢字**になおしなさい。 (40) 2×20

1 会議の**ナイヨウ**をくわしく記録する。
2 緑**ユタ**かな公園を散歩する。
3 台風の発生数を昨年と**クラ**べる。
4 ぼくの**ユメ**は音楽家になることだ。
5 停電の**ゲンイン**が明らかになった。
6 野菜を農家から**チョクセツ**買う。
7 近所の交差点で交通**ジコ**があった。
8 すみきった夜空に**ギンガ**が広がる。
9 図工室は**コウシャ**の三階にある。

6級

順風—（2）風
正式—（3）式
損失—利（4）
子孫—先（5）

えき・おう・ぎゃく・ぞ・りゃく

類義語

責務—責（6）
家屋—住（7）
自立—（8）立
苦情—文（9）
着目—着（10）

がん・きょ・く・どく・にん

2 報《ほう》道《どう》
3 山《やま》桜《ざくら》
4 地《じ》声《ごえ》
5 手《て》製《せい》

7 織《おり》物《もの》
8 消《けし》印《いん》
9 現《げん》場《ば》
10 綿《わた》毛《げ》

（十） 次の——線の**カタカナ**を**漢字**になおしなさい。 （18）2×9

1 つくえをまど側に**ウツ**す。
2 好きな詩をノートに書き**ウツ**す。
3 **サイ**害を受けた地域《いき》に物資を送る。
4 オランダの国王夫**サイ**が来日した。
5 新**カン**線のホームで列車を待つ。
6 読書をする習**カン**をつける。
7 薬の**コウ**果で歯のいたみが治まった。
8 博物館で鉄や銅の**コウ**石を見た。
9 船の**コウ**造を図かんで調べる。
10 **ゼイキン**の種類について調べる。
11 駅前にできた書店に立ち**ヨ**る。
12 劇《げき》の**カイエン**を告げるブザーが鳴る。
13 今月はこづかいが**アマ**りそうだ。
14 機械を使って広い畑を**タガヤ**す。
15 旅行に出かける**ジュンビ**をする。
16 庭木の**エダ**に赤い実がついている。
17 自分の意見をはっきり**ノ**べる。
18 試合中はしんぱんの**シジ**にしたがう。
19 お気に入りの本を友達に**カ**した。
20 知らぬが**ホトケ**

▼解答は別冊12・13ページ

6

(一) 次の――線の**漢字の読み**を**ひらがな**で書きなさい。 (20) 1×20

1 燃え上がるキャンプファイアを囲む。
2 姉は似顔絵をかくのが上手だ。
3 平泳ぎの大会記録が破られた。
4 人形劇《げき》の公演を心待ちにする。
5 風力を有効に利用して発電する。
6 竹で編んだかごに花をかざる。
7 高気圧におおわれて晴天が続く。
8 決勝戦を前に武者ぶるいする。
9 額からあせがしたたり落ちる。

(二) 次の――線の**カタカナ**を〇の中の**漢字と送りがな（ひらがな）**で書きなさい。 (10) 2×5

〈例〉(投) ボールを**ナゲル**。 投げる

1 (比) 二つの三角形の面積を**クラベル**。
2 (測) 雪の深さを**ハカル**。
3 (久) おばと**ヒサシク**会っていない。
4 (務) 児童会の議長を**ツトメル**。
5 (志) プロのサッカー選手を**ココロザス**。

(三) 次の漢字の**部首名**と**部首**を書きなさい。**部首名**は、後の□から選んで**記号**で答えなさい。 (10) 1×10

〈例〉花・茶 部首名（ア） 部首〔艹〕

(四) 次の漢字の**太い画**のところは**筆順の何画目**か、また**総画数は何画**か、**算用数字**（1、2、3…）で答えなさい。 (10) 1×10

〈例〉投 何画目（5） 総画数〔7〕

	何画目	総画数
液	（1）	〔2〕
団	（3）	〔4〕
価	（5）	〔6〕
酸	（7）	〔8〕
属	（9）	〔10〕

10 打席に入ってバットを構える。
11 イギリスの大学で英文学を修める。
12 キツツキが木の幹にあなをあける。
13 健康のため適度な運動を心がける。
14 夏の夜空に銀河がほの白く光る。
15 雨がやんで美しいにじが現れた。
16 おじはクリーニング店を営んでいる。
17 班《はん》ごとに話し合ったことを報告する。
18 酸素は色もにおいもない気体だ。
19 身の回りの工業製品について調べる。
20 情けは人のためならず

	部首名	部首
迷・過	（1）	（2）
賀・貧	（3）	（4）
然・熱	（5）	（6）
接・授	（7）	（8）
令・余	（9）	（10）

ア くさかんむり　イ かい こがい
ウ ひとやね　エ えんにょう
オ れんが れっか　カ てへん
キ こころ　ク しんにょう しんにゅう
ケ のぎへん　コ おおがい

7

(五) 漢字を二字組み合わせたじゅく語では、二つの漢字の間に意味の上で、次のような関係があります。 (20) 2×10

ア 反対や対《つい》になる意味の字を組み合わせたもの。（例…**上下**）
イ 同じような意味の字を組み合わせたもの。（例…**森林**）
ウ 上の字が下の字の意味を説明（修飾《しょく》）しているもの。（例…**海水**）
エ 下の字から上の字へ返って読むと意味がよくわかるもの。（例…**消火**）

次の**じゅく語**は、右のア〜エのどれにあたるか、**記号**で答えなさい。

1 保温
2 昼夜
3 護岸
4 衣服
5 銅像

6 高低
7 綿雲
8 個性
9 省略
10 断水

(六) 次の**カタカナ**を**漢字**になおし、**一字だけ**書きなさい。 (20) 2×10

1 悪条**ケン**
2 合格**リツ**
3 **ヒ** 公開
4 貿**エキ**港
5 **ゼツ**望的
6 再 調 **サ**
7 軽**ハン**罪
8 不**エイ**生
9 **キン**等化
10 **シ** 育 係

(七) 後の□の中のひらがなを漢字になおして、**対義語**(意味が反対や対《つい》になることば)と、**類義語**(意味がよくにたことば)を書きなさい。□の中のひらがなは**一度だけ**使い、**漢字一字**を書きなさい。 (20) 2×10

対義語

増加 ―― (1)少

(八) 上の読みの漢字を□の中から選び、( )にあてはめて**じゅく語**を作りなさい。
答えは**記号**で書きなさい。 (12) 2×6

キ	(1)本・(2)付 (3)定
サイ	(4)害・(5)集 (6)子

ア 基　イ 最　ウ 菜　エ 機
オ 妻　カ 災　キ 喜　ク 規
ケ 採　コ 紀　サ 寄　シ 際

(九) 漢字の読みには**音**と**訓**があります。次の**じゅく語の読み**は□の中のどの組み合わせになっていますか。ア〜エの**記号**で答えなさい。 (20) 2×10

ア 音と音　イ 音と訓
ウ 訓と訓　エ 訓と音

1 枝《えだ》道《みち》
6 建《たて》具《ぐ》

(十) 次の――線の**カタカナ**を**漢字**になおしなさい。 (40) 2×20

1 畑の作物が今年も**ユタ**かに実った。
2 **サクラ**の青葉が日ごとに色こくなる。
3 水玉もようの**ヌノ**でふくろを作る。
4 弟はゲームに**ムチュウ**になっている。
5 北極星は**ニクガン**で見える。
6 はち植えを日の当たる所に**ウツ**す。
7 休日の百貨店は**コンザツ**していた。
8 公式を使って**オウヨウ**問題を解く。
9 本を読んで**チシキ**を身につける。

禁止—許（2）
予習—（3）習
子孫—（4）先
例外—原（5）

か・げん・そ・そく・ふく

類義語

用意—（6）備
自立—（7）立
副業—内（8）
同意—（9）成
体験—（10）験

けい・さん・じゅん・しょく・どく

2 正《せい》常《じょう》
3 手《て》順《じゅん》
4 国《こっ》境《きょう》
5 無《む》口《くち》

7 両《りょう》耳《みみ》
8 墓《はか》場《ば》
9 好《こう》評《ひょう》
10 仏《ほとけ》様《さま》

(十) 次の——線の**カタカナ**を**漢字**になおしなさい。 (18) 2×9

1 校**シャ**の二階に音楽室がある。
2 感**シャ**の気持ちをこめて礼状を書く。

3 消防車がサイレンを**ナ**らす。
4 新しい土地での生活に**ナ**れる。

5 通信技**ジュツ**の進歩は目覚ましい。
6 文の主語と**ジュツ**語に線を引く。

7 **セイ**治家が国会に議案を提出する。
8 スポーツで**セイ**神力を養う。
9 台風の**セイ**力がおとろえてきた。

10 アユが川の流れに**サカ**らって泳ぐ。
11 地域《いき》の**デントウ**芸能を見学する。
12 火事の**ゲンイン**が明らかになる。
13 公園に大型の遊具が**モウ**けられた。
14 登山家が**ケワ**しい岩山にいどむ。
15 名物の**エキベン**を買って食べる。
16 花だんを**タガヤ**して球根を植える。
17 試合前に**ハ**りつめた空気が流れる。
18 牛乳《にゅう》の賞味**キゲン**を確かめる。
19 学級委員としての**セキニン**を果たす。
20 短気は**ソン**気

▼解答は別冊14・15ページ

(一) 次の――線の**漢字の読み**を**ひらがな**で書きなさい。 (20) 1×20

1 やなぎの枝が風にゆれている。
2 次の目的地までバスで移動する。
3 有名なオーケストラが公演を行う。
4 算数で平均の求め方を学習した。
5 テストの答えをもう一度確かめる。
6 文化財に指定された寺を見学する。
7 水に食塩を入れてかき混ぜる。
8 適切な例を挙げて説明した。
9 天体望遠鏡で月食を観測する。

(二) 次の――線の**カタカナ**を**○の中の漢字と送りがな(ひらがな)**で書きなさい。 (10) 2×5

〈例〉(投) ボールを**ナゲル**。 [投げる]

1 (営) 駅前で食堂を**イトナム**。
2 (貧) **マズシイ**中で研究を続けた。
3 (寄) つくえを教室の後ろに**ヨセル**。
4 (導) 係員が見学者を館内に**ミチビク**。
5 (過) 電車が鉄橋を**スギル**。

(三) 次の漢字の**部首名**と**部首**を書きなさい。**部首名**は、後の□から選んで**記号**で答えなさい。 (10) 1×10

〈例〉花・茶 部首名(ア) 部首(艹)

(四) 次の漢字の**太い画**のところは**筆順の何画目**か、また**総画数は何画**か、**算用数字**(1、2、3…)で答えなさい。 (10) 1×10

	何画目	総画数
〈例〉投	(5)	(7)
弁	(1)	(2)
程	(3)	(4)
職	(5)	(6)
興	(7)	(8)
版	(9)	(10)

10 声を張り上げて選手を応えんする。

11 川や湖の水質を検査する。

12 小型のロケットが打ち上げられた。

13 炭酸入りのジュースを飲んだ。

14 もらった賞状を額に入れてかざる。

15 接戦の末、おしくも優《ゆう》勝をのがした。

16 各地の伝統的な織物について調べる。

17 大木のかげに息を殺してかくれる。

18 青い空に白い綿雲がうかんでいる。

19 俳《はい》句の季語やリズムに興味を持つ。

20 習うより慣れよ

	部首名	部首
因・団	（1）	（2）
容・寄	（3）	（4）
仮・価	（5）	（6）
制・判	（7）	（8）
応・態	（9）	（10）

ア くさかんむり　イ ぎょうにんべん
ウ もんがまえ　エ りっとう
オ こころ　カ うかんむり
キ くにがまえ　ク まだれ
ケ おおざと　コ にんべん

(五) 漢字を二字組み合わせたじゅく語では、二つの漢字の間に意味の上で、次のような関係があります。 **(20)** 2×10

ア 反対や対《つい》になる意味の字を組み合わせたもの。 （例…**上下**）

イ 同じような意味の字を組み合わせたもの。 （例…**森林**）

ウ 上の字が下の字の意味を説明（修飾《しょく》）しているもの。 （例…**海水**）

エ 下の字から上の字へ返って読むと意味がよくわかるもの。 （例…**消火**）

次の**じゅく語**は、右のア〜エのどれにあたるか、**記号**で答えなさい。

1 新居
2 夫妻
3 悪夢
4 単独
5 休刊
6 増加
7 国境
8 謝罪
9 発着
10 競争

8

（六） 次の**カタカナ**を**漢字**になおし、**一字だけ**書きなさい。 (20) 2×10

1 非効**リツ**
2 複**ザツ**化
3 **ガン**科医
4 真**ハン**人
5 高気**アツ**
6 **セイ**神力
7 無**ジョウ**件
8 **ボウ**易港
9 消毒**エキ**
10 **ゲン**実的

（七） 後の□の中のひらがなを漢字になおして、**対義語**（意味が反対や対《つい》になることば）と、**類義語**（意味がよくにたことば）を書きなさい。□の中のひらがなは**一度だけ**使い、**漢字一字**を書きなさい。 (20) 2×10

対義語

禁止 ― 許（ 1 ）

（八） 上の読みの漢字を□の中から選び、（ ）にあてはめて**じゅく語**を作りなさい。答えは**記号**で書きなさい。 (12) 2×6

セイ	個（ 1 ）・（ 2 ）府　快（ 3 ）
コウ	（ 4 ）石・農（ 5 ）　（ 6 ）習

ア 省　イ 講　ウ 政　エ 好
オ 校　カ 制　キ 構　ク 性
ケ 晴　コ 鉱　サ 耕　シ 静

（九） 漢字の読みには**音**と**訓**があります。次の**じゅく語の読み**は□の中のどの組み合わせになっていますか。ア〜エの**記号**で答えなさい。 (20) 2×10

ア 音と音　イ 音と訓
ウ 訓と訓　エ 訓と音

1 梅《うめ》酒《しゅ》
6 粉《こな》雪《ゆき》

（十） 次の――線の**カタカナ**を**漢字**になおしなさい。 (40) 2×20

1 川岸の**サクラ**の葉が赤く色づく。
2 母と姉は声がよく**ニ**ている。
3 キャプテンを**カコ**んで作戦を練る。
4 銀や**ドウ**は熱をよく伝える金属だ。
5 努力が実って試験に**ゴウカク**した。
6 転んでズボンのひざの部分が**ヤブ**れた。
7 交通**キソク**を守って通学する。
8 六年生が運動会の**ジュンビ**をする。
9 **ジコ**で列車のダイヤがみだれた。

反対―（2）成
順風―（3）風
損失―利（4）
主語―（5）語

えき・か・ぎゃく・さん・じゅつ

類義語

最良―（6）好
永遠―永（7）
不在―（8）守
決意―決（9）
生産―製（10）

きゅう・ぜっ・ぞう・だん・る

2 厚紙《あつがみ》
3 大仏《だいぶつ》
4 重箱《じゅうばこ》
5 責任《せきにん》

7 両側《りょうがわ》
8 感情《かんじょう》
9 墓場《はかば》
10 手帳《てちょう》

(十) 次の――線の**カタカナ**を**漢字**になおしなさい。 (18) 2×9

1 文具店で工作の材料を**カ**う。
2 教室の水そうでメダカを**カ**う。
3 自治会の防**サイ**訓練に参加する。
4 貝がらを**サイ**集して標本を作る。
5 畑の土に**ヒ**料を入れる。
6 旅行にかかる**ヒ**用を計算する。
7 鉄道の歴**シ**が書かれた本を読む。
8 父は英語の教**シ**をしている。
9 提案が多くの人に**シ**持された。
10 すばらしい**ゲイジュツ**作品を見る。
11 羽にけがをした野鳥が**ホゴ**された。
12 本を読んで知識を**ユタ**かにする。
13 ごみの量を**へ**らすくふうをする。
14 日本は機械類を多く**ユシュツ**している。
15 **オウフク**十キロのコースを歩いた。
16 **モ**えにくい布でカーテンを作る。
17 一度やんだ雨が**フタタ**びふってきた。
18 **セイケツ**なタオルで体をふく。
19 登山家が**ケワ**しい岩場を登っていく。
20 **アマ**り物には福がある

▼解答は別冊16・17ページ

(一) 次の――線の**漢字の読み**を**ひらがな**で書きなさい。 (20) 1×20

1 農村でいねかりをした経験がある。
2 かえでの葉が燃えるように赤い。
3 姉は似顔絵をかくのが上手だ。
4 決勝は息づまるような接戦となった。
5 日本の食料自給率を他の国と比べる。
6 暴風で桜の古木がたおれた。
7 いとこが久しぶりに遊びに来た。
8 薬が効いて頭痛《つう》が治まった。
9 ジョギングコースを軽快に走る。

(二) 次の――線の**カタカナ**を○**の中の漢字と送りがな（ひらがな）**で書きなさい。 (10) 2×5

〈例〉（投）ボールを**ナゲル**。 投げる

1 （険）登山家が**ケワシイ**岩場を登る。
2 （破）約束を**ヤブル**のはよくない。
3 （構）大通りに店を**カマエル**。
4 （耕）機械を使って広い畑を**タガヤス**。
5 （寄）テーブルを部屋のすみに**ヨセル**。

(三) 次の漢字の**部首名**と**部首**を書きなさい。**部首名**は、後の□から選んで**記号**で答えなさい。 (10) 1×10

〈例〉花・茶 （ア）〔艹〕
部首名 部首

(四) 次の漢字の**太い画**のところは**筆順の何画目**か、また**総画数は何画**か、**算用数字**（1、2、3…）で答えなさい。 (10) 1×10

〈例〉投 何画目（5） 総画数〔7〕

漢字	何画目	総画数
貿	（1）	〔2〕
備	（3）	〔4〕
弁	（5）	〔6〕
妻	（7）	〔8〕
演	（9）	〔10〕

10 有名なバレエ団の公演を見る。

11 駅のホームが帰省客で混雑していた。

12 朝から雨が絶え間なくふっている。

13 品ぞろえの豊富な店で買い物をする。

14 友達にかさを貸してもらった。

15 墓の前で手を合わせておがむ。

16 真っ青な海が眼下に広がる。

17 地域《いき》の防災訓練に参加した。

18 まじめな態度で人の話を聞く。

19 イギリスの大学で英文学を修める。

20 備えあればうれいなし

	部首名	部首
適・逆	（1）	（2）
績・総	（3）	（4）
勢・務	（5）	（6）
額・願	（7）	（8）
居・属	（9）	（10）

ア くさかんむり　イ えんにょう
ウ おおがい　エ いとへん
オ くち　カ かい こがい
キ しんにょう しんにゅう　ク ちから
ケ かたな　コ かばね しかばね

(五) 漢字を二字組み合わせたじゅく語では、二つの漢字の間に意味の上で、次のような関係があります。 (20) 2×10

ア 反対や対《つい》になる意味の字を組み合わせたもの。 （例…上下）

イ 同じような意味の字を組み合わせたもの。 （例…森林）

ウ 上の字が下の字の意味を説明（修飾《しょく》）しているもの。 （例…海水）

エ 下の字から上の字へ返って読むと意味がよくわかるもの。 （例…消火）

次の**じゅく語**は、右のア〜エのどれにあたるか、**記号**で答えなさい。

1 寒暑
2 永住
3 包囲
4 護身
5 移転

6 軽重
7 製紙
8 利害
9 志望
10 旧式

(六) 次の**カタカナ**を**漢字**になおし、**一字だけ**書きなさい。

(20) 2×10

1 大事**コ**
2 不**カ**能
3 **ゲン**実性
4 **サイ**出発
5 観**ソク**船

6 未**カイ**決
7 平**キン**台
8 **ユ**入品
9 本**カク**化
10 **ク**読点

(七) 後の□の中のひらがなを漢字になおして、**対義語**(意味が反対や対《つい》になることば)と、**類義語**(意味がよくにたことば)を書きなさい。□の中のひらがなは**一度だけ**使い、**漢字一字**を書きなさい。

(20) 2×10

対義語

回答―(1)問

(八) 上の読みの漢字を□の中から選び、( )にあてはめて**じゅく語**を作りなさい。答えは**記号**で書きなさい。

(12) 2×6

テイ	(1)案・(2)電 日(3)
ジョウ	賞(4)・(5)件 (6)温

ア 常	イ 提	ウ 場	エ 情
オ 停	カ 条	キ 庭	ク 状
ケ 乗	コ 低	サ 程	シ 底

(九) 漢字の読みには**音**と**訓**があります。次の**じゅく語の読み**は□の中のア〜エの**どの組み合わせ**になっていますか。**記号**で答えなさい。

(20) 2×10

ア 音と音	イ 音と訓
ウ 訓と訓	エ 訓と音

1 枝《えだ》先《さき》

6 指《さし》図《ず》

(十) 次の――線の**カタカナ**を**漢字**になおしなさい。

(40) 2×20

1 祭りのみこしが目の前を通り**ス**ぎた。
2 話し合った**ナイヨウ**をノートに書く。
3 兄に**ササ**えてもらって逆立ちをする。
4 自分の考えをはっきり**ノ**べる。
5 学芸会の進行係を**マカ**された。
6 読書に関する**チョウサ**が行われた。
7 **デントウ**工芸の焼きものを見る。
8 外出する前に火の元を**タシ**かめる。
9 どの服を着ていこうかと**マヨ**う。

応用—（2）本

子孫—（3）先

合唱—（4）唱

求人—求（5）

き・しつ・しょく・そ・どく

類義語

衛生—（6）健

理由—原（7）

中止—中（8）

不在—（9）守

順番—順（10）

いん・じょ・だん・ほ・る

2 厚地《あつじ》

3 営業《えいぎょう》

4 綿雪《わたゆき》

5 味方《みかた》

7 仕事《しごと》

8 大河《たいが》

9 境目《さかいめ》

10 出張《しゅっちょう》

㈩ 次の——線の**カタカナ**を**漢字**になおしなさい。 (18) 2×9

1 大きくなったら医**シ**になりたい。

2 学校でウサギを**シ**育している。

3 新校**シャ**がまもなく完成する。

4 感**シャ**の気持ちを手紙に書く。

5 遠くで教会のかねが**ナ**っている。

6 北国の寒さにも**ナ**れてきた。

7 **ハン**罪をなくす活動に取り組む。

8 選手の着順を写真で**ハン**定する。

9 図工の時間に木**ハン**画を作る。

10 学校で勉強したことを**フクシュウ**する。

11 りすが木の**ミキ**をかけ上がる。

12 家族全員が同じ**ケツエキ**型だ。

13 日本の人口は年々**ヘ**っている。

14 国宝《ほう》の**ブツゾウ**が特別に公開される。

15 空気には**サンソ**がふくまれている。

16 見わたす**カギ**り麦畑が広がる。

17 算数のテストで時間が少し**アマ**った。

18 弟は近ごろサッカーに**ムチュウ**だ。

19 陸上**キョウギ**会で新記録が出た。

20 **レキシ**はくり返す

▼解答は別冊18・19ページ

㈠ 次の――線の**漢字の読み**を**ひらがな**で書きなさい。 (20) 1×20

1 雲の切れ間から太陽が現れた。
2 読書感想文を先生に提出した。
3 険しい山道をはげまし合って登る。
4 おじは眼科の医師をしている。
5 来月から校舎の改修工事が始まる。
6 フランスからワインを輸入する。
7 人形劇《げき》は午前十時に開演する。
8 食事の前に手をあらって清潔にする。
9 町の人口の変化をグラフで示す。

㈡ 次の――線の**カタカナ**を〇**の中の漢字と送りがな（ひらがな）**で書きなさい。 (10) 2×5

〈例〉㊀投 ボールを**ナゲル**。 投げる

1 (厚) **アツイ**板にくぎを打つ。
2 (招) 友達を家に**マネク**。
3 (勢) **イキオイ**に乗って勝ち進む。
4 (確) 答えが合っているか**タシカメル**。
5 (志) 気象予報士を**ココロザス**。

㈢ 次の漢字の**部首名**と**部首**を書きなさい。**部首名**は、後の□から選んで**記号**で答えなさい。 (10) 1×10

〈例〉花・茶 部首名（ア） 部首〔艹〕

㈣ 次の漢字の**太い**画のところは**筆順の何画目か**、また**総画数は何画か**、**算用数字**（1、2、3…）で答えなさい。 (10) 1×10

〈例〉投 何画目（5） 総画数〔7〕

	何画目	総画数
鉱	（1）	〔2〕
識	（3）	〔4〕
基	（5）	〔6〕
妻	（7）	〔8〕
状	（9）	〔10〕

10 森の中を快い風がふきぬける。
11 陸上競技会で走り高とびに出場した。
12 全体の構成を考えて文章を書く。
13 豊かな自然をえがいた絵画に見入る。
14 雨が続いてダムの水かさが増した。
15 郷《きょう》土の祭りを多くの人が支える。
16 キャンプ場で父とテントを張った。
17 野菜の価格は天候に左右されやすい。
18 花がらの布でエプロンを作る。
19 兄弟げんかの原因を母に話す。
20 罪をにくんで人をにくまず

	部首名	部首
婦・始	（1）	（2）
余・令	（3）	（4）
団・固	（5）	（6）
序・康	（7）	（8）
布・常	（9）	（10）

ア くさかんむり　イ まだれ
ウ ひとやね　エ おんなへん
オ こざとへん　カ くにがまえ
キ はば　ク がんだれ
ケ もんがまえ　コ はつがしら

10

(五) 漢字を二字組み合わせたじゅく語では、二つの漢字の間に意味の上で、次のような関係があります。 (20) 2×10

ア 反対や対《つい》になる意味の字を組み合わせたもの。（例…**上下**）
イ 同じような意味の字を組み合わせたもの。（例…**森林**）
ウ 上の字が下の字の意味を説明（修飾《しょく》）しているもの。（例…**海水**）
エ 下の字から上の字へ返って読むと意味がよくわかるもの。（例…**消火**）

次の**じゅく語**は、右のア〜エのどれにあたるか、**記号**で答えなさい。

1 採取
2 新居
3 遠近
4 付着
5 休職

6 大仏
7 自他
8 単独
9 出欠
10 減税

(六) 次の**カタカナ**を**漢字**になおし、**一字だけ**書きなさい。 (20) 2×10

1 **サイ**出発
2 投票**リツ**
3 芸**ジュツ**性
4 検 **サ** 室
5 未**カイ**決
6 無条**ケン**
7 **チョ**水池
8 低気**アツ**
9 最大**ゲン**
10 **コウ**果的

(七) 後の□の中のひらがなを漢字になおして、**対義語**(意味が反対や対《つい》になることば)と、**類義語**(意味がよくにたことば)を書きなさい。□の中のひらがなは**一度だけ**使い、**漢字一字**を書きなさい。 (20) 2×10

対義語

実名―(1)名

(八) 上の読みの漢字を□の中から選び、( )にあてはめて**じゅく語**を作りなさい。答えは**記号**で書きなさい。 (12) 2×6

セイ	(1)神・(2)服 (3)治家
エイ	(4)星・(5)遠 運(6)

ア 栄	イ 晴	ウ 営	エ 永		
オ 精	カ 制	キ 声	ク 英		
ケ 政	コ 泳	サ 衛	シ 整		

(九) 漢字の読みには**音**と**訓**があります。次の**じゅく語の読み**は□の中のどの組み合わせになっていますか。ア～エの**記号**で答えなさい。 (20) 2×10

ア 音と音	イ 音と訓
ウ 訓と訓	エ 訓と音

1 枝《えだ》豆《まめ》

6 建《たて》具《ぐ》

(十) 次の――線の**カタカナ**を**漢字**になおしなさい。 (40) 2×20

1 二つの直方体の体積を**クラ**べる。
2 次の目的地までバスで**イドウ**する。
3 学者が研究に情熱を**モ**やす。
4 妹は**ホイク**園に通っている。
5 海辺の民宿で数日間**ス**ごした。
6 学校で**ボウサイ**訓練が行われた。
7 銅は熱をよく伝える**キンゾク**だ。
8 投手が**ヒタイ**のあせをぬぐう。
9 放送委員会の書記を**マカ**された。

希望―（ 2 ）望
損失―利（ 3 ）
用心―油（ 4 ）
子孫―先（ 5 ）

えき・か・ぜつ・ぞ・だん

類義語

用意―（ 6 ）備
返答―（ 7 ）答
才能―（ 8 ）質
不在―（ 9 ）守
平等―（ 10 ）等

おう・きん・じゅん・そ・る

2 国《こっ》境《きょう》
3 残《ざん》高《だか》
4 塩《しお》気《け》
5 事《じ》務《む》

7 両《りょう》手《て》
8 葉《は》桜《ざくら》
9 測《そく》定《てい》
10 正《まさ》夢《ゆめ》

（十） 次の――線の**カタカナ**を**漢字**になおしなさい。 (**18**) 2×9

1 小型犬を室内で**カ**っている。
2 文具売り場でノートを**カ**った。
3 児童会の**フク**会長に選ばれた。
4 今日の授業の**フク**習をする。
5 日本の**ボウ**易について調べる。
6 **ボウ**力のない社会を築く。
7 航空**キ**のパイロットにあこがれる。
8 **キ**則正しい生活を心がける。
9 本を市立図書館に**キ**付する。
10 最年少の選手が大会記録を**ヤブ**る。
11 係員が見学者を工場内に**ミチビ**く。
12 来月号の学級新聞を**ヘンシュウ**した。
13 正午を**ツ**げる音楽が聞こえる。
14 落石のために通行が**キンシ**された。
15 病院で**ケツエキ**型を調べてもらう。
16 耕した畑に**ヒリョウ**を入れる。
17 キツツキが**ミキ**をつついて虫をとる。
18 すみきった夜空に**ギンガ**が広がる。
19 観光地は多くの人で**コンザツ**していた。
20 習うより**ナ**れよ

▼解答は別冊20・21ページ

試験問題 11 （6級）

㈠ 次の——線の**漢字の読み**を**ひらがな**で書きなさい。 (20) 1×20

1 白い波が岸に打ち寄せる。
2 川にすむ生き物に興味を持つ。
3 登山隊が険しい山道を進む。
4 足をくじいた友人を支えて歩く。
5 日本列島が高気圧におおわれる。
6 おじは駅前で書店を営んでいる。
7 太陽光発電のパネルを設置する。
8 新かんとくがチームを率いる。
9 スポーツを通して国際交流を深める。

㈡ 次の——線の**カタカナ**を○**の中の漢字と送りがな（ひらがな）**で書きなさい。 (10) 2×5

〈例〉㊇投 ボールを**ナゲル**。 投げる

1 ㊇破 マラソンの大会記録を**ヤブル**。
2 ㊇暴 **アバレル**馬をなだめる。
3 ㊇慣 準備運動をして体を**ナラス**。
4 ㊇易 ピアノで**ヤサシイ**曲をひく。
5 ㊇混 赤と黄色の絵の具を**マゼル**。

㈢ 次の漢字の**部首名**と**部首**を書きなさい。**部首名**は、後の□から選んで**記号**で答えなさい。 (10) 1×10

〈例〉花・茶 （ア）〔艹〕
部首名 部首

㈣ 次の漢字の**太い画**のところは**筆順の何画目か**、また**総画数は何画か**、**算用数字**（1、2、3…）で答えなさい。 (10) 1×10

〈例〉投 何画目（5） 総画数〔7〕

	何画目	総画数
提	（1）	〔2〕
能	（3）	〔4〕
衛	（5）	〔6〕
属	（7）	〔8〕
婦	（9）	〔10〕

10 晴れた夜空に銀河が広がる。
11 主人公の正義感に心を打たれた。
12 家族で相談して旅行の日程を決める。
13 海産物を飛行機で輸送する。
14 上級生としての心構えを話し合う。
15 水泳選手が勢いよく飛びこむ。
16 居間に明るい色のカーテンをかける。
17 球技の中ではバレーボールが得意だ。
18 消費税の問題が国会で議論《ろん》された。
19 わたしの町には織物工場がある。
20 運を天に任せる

	部首名	部首
準・液	（1）	（2）
条・査	（3）	（4）
迷・述	（5）	（6）
財・貯	（7）	（8）
序・康	（9）	（10）

ア くさかんむり　イ まだれ
ウ き　エ のぎへん
オ しんにょう しんにゅう　カ にすい
キ がんだれ　ク かいへん
ケ おおがい　コ さんずい

(五) 漢字を二字組み合わせたじゅく語では、二つの漢字の間に意味の上で、次のような関係があります。 (20) 2×10

ア 反対や対《つい》になる意味の字を組み合わせたもの。（例…**上下**）
イ 同じような意味の字を組み合わせたもの。（例…**森林**）
ウ 上の字が下の字の意味を説明（修飾《しょく》）しているもの。（例…**海水**）
エ 下の字から上の字へ返って読むと意味がよくわかるもの。（例…**消火**）

次の**じゅく語**は、右のア〜エのどれにあたるか、**記号**で答えなさい。

1 寒暑
2 悪夢
3 防虫
4 入団
5 規則
6 個室
7 検査
8 護岸
9 願望
10 往復

11

(六) 次の**カタカナ**を**漢字**になおし、**一字だけ**書きなさい。 (20) 2×10

1 **セキ**任者
2 **ヒ**常識
3 永**キュウ**歯
4 **サン**性雨
5 新**カン**線
6 **コウ**果的
7 不**トウ**一
8 **サイ**利用
9 平**キン**化
10 **ゲン**住所

(七) 後の□の中のひらがなを漢字になおして、**対義語**（意味が反対や対《つい》になることば）と、**類義語**（意味がよくにたことば）を書きなさい。□の中のひらがなは**一度だけ**使い、**漢字一字**を書きなさい。 (20) 2×10

対義語

反対 ―（ 1 ）成

(八) 上の読みの漢字を□の中から選び、（ ）にあてはめて**じゅく語**を作りなさい。答えは**記号**で書きなさい。 (12) 2×6

ハン	（1）罪・木（2） （3）断
セイ	（4）潔・（5）治 （6）鉄

ア 製　イ 判　ウ 半　エ 制
オ 飯　カ 反　キ 清　ク 版
ケ 政　コ 省　サ 犯　シ 静

(九) 漢字の読みには**音**と**訓**があります。次の**じゅく語の読み**は□の中のどの組み合わせになっていますか。ア〜エの**記号**で答えなさい。 (20) 2×10

ア 音と音　イ 音と訓
ウ 訓と訓　エ 訓と音

1 街《まち》角《かど》

6 報《ほう》告《こく》

(十) 次の――線の**カタカナ**を**漢字**になおしなさい。 (40) 2×20

1 田畑の作物が**ユタ**かに実る。
2 列車の中で**ベントウ**を広げた。
3 校庭の**サクラ**の葉が赤くそまる。
4 交通**ジコ**の原因をくわしく調べる。
5 となりの家との**サカイ**にかき根がある。
6 駅で先生によく**ニ**た人を見かけた。
7 オペラ歌手の**ドクショウ**に聞き入る。
8 みんなで作った台本で劇《げき》を**エン**じる。
9 かぜで欠席する人が**フ**えてきた。

禁止—許（2）
応用—（3）本
子孫—先（4）
集合—（5）散

か・かい・き・さん・ぞ

類義語

中身—内（6）
衛生—（7）健
最良—（8）好
転業—転（9）
様子—状（10）

しょく・ぜっ・たい・ほ・よう

2 移動《いどう》
3 枝道《えだみち》
4 新型《しんがた》
5 夕刊《ゆうかん》

7 遠浅《とおあさ》
8 総出《そうで》
9 残留《ざんりゅう》
10 場面《ばめん》

(十) 次の——線の**カタカナ**を**漢字**になおしなさい。 (18) 2×9

1 ぼくの教室は校**シャ**の二階にある。
2 親切にしてくれた友達に感**シャ**する。
3 **アツ**い雪雲が北の空をおおう。
4 **アツ**いスープで舌《した》をやけどした。
5 海外旅行を初めて**ケイ**験した。
6 半**ケイ**五センチの円をかく。
7 台風が通**カ**して快晴になった。
8 石油の**カ**格は変動しやすい。
9 **カ**説が正しいか実験で確かめる。

10 本堂に金色の**ブツゾウ**がならぶ。
11 図書館で**レキシ**の本を借りた。
12 秋祭りの日に親類を**マネ**く。
13 さけが川の流れに**サカ**らって泳ぐ。
14 ビルの**ケンチク**資材をトラックで運ぶ。
15 黒板に漢字を書いて筆順を**シメ**す。
16 コーチの**シドウ**でパスの練習をした。
17 五十メートルを力の**カギ**り走った。
18 二つの平行四辺形の面積を**クラ**べる。
19 広い牧場で羊を**シイク**する。
20 **ソン**して得取れ

11

▼解答は別冊22・23ページ

(一) 次の——線の**漢字の読み**を**ひらがな**で書きなさい。 (20) 1×20

1 小数のわり算の復習をする。
2 姉によく似た人とすれちがった。
3 じょうぶな布でふくろを作る。
4 町の歴史に関する資料をさがす。
5 昼休みに先生を囲んで語らう。
6 天体望遠鏡で木星を観測する。
7 梅の枝でメジロが鳴いている。
8 給食の前に手をあらって清潔にする。
9 ガソリンの価格が変動する。

(二) 次の——線の**カタカナ**を○**の中の漢字と送りがな**（**ひらがな**）で書きなさい。 (10) 2×5

〈例〉(投) ボールを**ナゲル**。 投げる

1 (久) おじと**ヒサシク**会っていない。
2 (迷) 地図を見まちがえて道に**マヨウ**。
3 (絶) 夜間は人通りが**タエル**。
4 (営) 海辺で小さな旅館を**イトナム**。
5 (豊) 緑の**ユタカナ**草原が広がる。

(三) 次の漢字の**部首名**と**部首**を書きなさい。**部首名**は、後の□から選んで**記号**で答えなさい。 (10) 1×10

〈例〉花・茶 （ア）〔艹〕 部首名 部首

(四) 次の漢字の**太い画**のところは**筆順の何画目**か、また**総画数は何画**か、**算用数字**（1、2、3…）で答えなさい。 (10) 1×10

漢字	何画目	総画数
〈例〉投	（5）	〔7〕
似	（1）	〔2〕
義	（3）	〔4〕
構	（5）	〔6〕
確	（7）	〔8〕
制	（9）	〔10〕

10 ケーキを均等に切り分ける。

11 やんでいた雪が再びふり出した。

12 テレビ局のアナウンサーを志す。

13 国の重要文化財が公開される。

14 軽快な音楽に合わせておどる。

15 兄は野球部に所属している。

16 理科の授業でふりこの実験をする。

17 電車に優《ゆう》先席が設けられている。

18 ラケットを体の正面で構える。

19 額のあせをふきながら山道を歩く。

20 団結は力なり

	部首名	部首
旧・暴	（1）	（2）
効・功	（3）	（4）
序・府	（5）	（6）
述・過	（7）	（8）
提・招	（9）	（10）

ア くさかんむり　イ てへん
ウ まだれ　エ ちから
オ えんにょう　カ がんだれ
キ うしへん　ク なべぶた けいさんかんむり
ケ しんにょう しんにゅう　コ ひ

(五) 漢字を二字組み合わせたじゅく語では、二つの漢字の間に意味の上で、次のような関係があります。 (20) 2×10

ア 反対や対《つい》になる意味の字を組み合わせたもの。（例…**上下**）

イ 同じような意味の字を組み合わせたもの。（例…**森林**）

ウ 上の字が下の字の意味を説明(修飾《しょく》)しているもの。（例…**海水**）

エ 下の字から上の字へ返って読むと意味がよくわかるもの。（例…**消火**）

次の**じゅく語**は、右のア～エのどれにあたるか、**記号**で答えなさい。

1 寒冷
2 受賞
3 勝負
4 鉱山
5 集散

6 表現
7 得失
8 減速
9 最適
10 災害

12

(六) 次の**カタカナ**を**漢字**になおし、**一字**だけ書きなさい。 (20) 2×10

1 不**カ**能

2 **ギャク**方向

3 血**エキ**型

4 無期**ゲン**

5 **ユメ**物語

6 感**シャ**状

7 **エイ**遠性

8 建**チク**家

9 **キュウ**急車

10 組**シキ**的

(七) 後の□の中のひらがなを漢字になおして、**対義語**(意味が反対や対《つい》になることば)と、**類義語**(意味がよくにたことば)を書きなさい。□の中のひらがなは**一度だけ**使い、**漢字一字**を書きなさい。 (20) 2×10

対義語

平常 ―(1)常

(八) 上の読みの漢字を□の中から選び、( )にあてはめて**じゅく語**を作りなさい。答えは**記号**で書きなさい。 (12) 2×6

ハン	防(1)・(2)決 木(3)画
キ	(4)本・(5)制 (6)付

ア 半　イ 寄　ウ 規　エ 反
オ 器　カ 判　キ 飯　ク 犯
ケ 版　コ 希　サ 基　シ 旗

(九) 漢字の読みには**音**と**訓**があります。次の**じゅく語の読み**は□の中のどの組み合わせになっていますか。ア〜エの**記号**で答えなさい。 (20) 2×10

ア 音と音　イ 音と訓
ウ 訓と訓　エ 訓と音

1 山《やま》桜《ざくら》

6 湯《ゆ》気《げ》

(十) 次の――線の**カタカナ**を**漢字**になおしなさい。 (40) 2×20

1 川岸の公園で**ベントウ**を食べた。

2 図工室は**コウシャ**の三階にある。

3 **ドウ**は熱や電気を伝えやすい。

4 かぜによる欠席者が**フ**えてきた。

5 だんろの火が赤々と**モ**える。

6 農家の人が広い畑を**タガヤ**す。

7 工事のため立ち入りが**キンシ**される。

8 係の仕事に**セキニン**を持つ。

9 友達に社会科の参考書を**カ**した。

回答—（2）問
用心—油（3）
修理—（4）損
正式—（5）式

しつ・だん・は・ひ・りゃく

類義語

愛護—（6）護
技能—技（7）
運送—運（8）
留守—不（9）
用意—準（10）

ざい・じゅつ・び・ほ・ゆ

2 暴《ぼう》風《ふう》
3 綿《わた》雲《ぐも》
4 係《かかり》長《ちょう》
5 味《み》方《かた》

7 粉《こな》薬《ぐすり》
8 告《こく》白《はく》
9 宿《しゅく》場《ば》
10 仮《か》定《てい》

(十) 次の——線の**カタカナ**を**漢字**になおしなさい。 (18) 2×9

1 **ヨ**報では午後から雨がふるらしい。
2 えん筆を**ヨ**分に買っておく。
3 本だなに分**アツ**い辞典がならぶ。
4 くふうして夏の**アツ**さをしのぐ。
5 新製品を開発して利**エキ**を上げる。
6 日本の貿**エキ**の特色について調べる。
7 家ですず虫を**シ**育している。
8 はち植えの朝顔に**シ**柱を立てる。
9 父は内科の医**シ**をしている。

10 一日の気温の変化をグラフで**シメ**す。
11 黄色の毛糸でセーターを**ア**む。
12 先祖の**ハカ**の前で手を合わせる。
13 空気には**サンソ**がふくまれている。
14 体力に**オウ**じた運動をする。
15 駅伝の選手に選ばれて**ハ**り切る。
16 **ゼイキン**の使われ方について学ぶ。
17 ソプラノ歌手の**ドクショウ**を聞く。
18 冬の夜空に**ギンガ**が広がる。
19 妹は作文が入選して**ヨロコ**んでいる。
20 **ホトケ**作ってたましい入れず

▼解答は別冊24・25ページ

（一） 次の――線の**漢字の読み**を**ひらがな**で書きなさい。 （20）1×20

1 先生の許可を得て体育館を使用する。
2 紅《こう》茶にミルクを入れて混ぜる。
3 すんだ夜空に銀河がかがやく。
4 新しい自転車に慣れてきた。
5 日本のアニメが高く評価される。
6 ゴルフの国際大会が開かれる。
7 貧しいくらしの中で研究を続ける。
8 遠方からの客を厚くもてなす。
9 チームが団結して試合にのぞむ。

（二） 次の――線の**カタカナ**を○**の中の漢字と送りがな（ひらがな）**で書きなさい。 （10）2×5

〈例〉 ㊎投 ボールを**ナゲル**。 投げる

1 ㊎喜 満点を取って**ヨロコブ**。
2 ㊎備 台所に消火器を**ソナエル**。
3 ㊎険 **ケワシイ**山道を登る。
4 ㊎余 夕食のサラダが**アマル**。
5 ㊎過 弟はいたずらが**スギル**。

（三） 次の漢字の**部首名**と**部首**を書きなさい。**部首名**は、後の□から選んで**記号**で答えなさい。 （10）1×10

〈例〉 花・茶 （ア）〔艹〕
部首名 部首

（四） 次の漢字の**太い画**のところは**筆順の何画目**か、また**総画数は何画**か、**算用数字**（1、2、3…）で答えなさい。 （10）1×10

〈例〉 投 何画目（5） 総画数〔7〕

	何画目	総画数
鉱	（1）	（2）
常	（3）	（4）
織	（5）	（6）
個	（7）	（8）
破	（9）	（10）

10 ダムが水を豊かにたくわえている。

11 祖父は旧式のカメラを愛用している。

12 駅前の大通りは車の往来がはげしい。

13 母にマフラーの編み方を教わった。

14 文章題の答えをもう一度確かめる。

15 知らない土地で道に迷った。

16 地元の産業の復興に情熱を注ぐ。

17 店内に快い音楽が流れている。

18 昨夜から雨が絶え間なくふっている。

19 筋《すじ》道を立てて順序よく話す。

20 能あるたかはつめをかくす

	部首名	部首
輸・輪	（1）	（2）
造・適	（3）	（4）
圧・墓	（5）	（6）
築・笑	（7）	（8）
郡・都	（9）	（10）

ア くさかんむり　イ おおざと
ウ つち　エ りっとう
オ くるまへん　カ たけかんむり
キ がんだれ　ク しんにょう しんにゅう
ケ えんにょう　コ ひとやね

(五) 漢字を二字組み合わせたじゅく語では、二つの漢字の間に意味の上で、次のような関係があります。 **(20)** 2×10

ア 反対や対《つい》になる意味の字を組み合わせたもの。（例…**上下**）

イ 同じような意味の字を組み合わせたもの。（例…**森林**）

ウ 上の字が下の字の意味を説明（修飾《しょく》）しているもの。（例…**海水**）

エ 下の字から上の字へ返って読むと意味がよくわかるもの。（例…**消火**）

次の**じゅく語**は、右のア～エのどれにあたるか、**記号**で答えなさい。

1 築城

2 和洋

3 省略

4 製氷

5 仏像

6 勝敗

7 仮定

8 移動

9 出欠

10 在室

13

(六) 次の**カタカナ**を**漢字**になおし、**一字だけ**書きなさい。 (20) 2×10

1 芸**ジュツ**家
2 食中**ドク**
3 複**ザツ**化
4 **ホ**護者
5 新校**シャ**

6 直**セツ**的
7 不利**エキ**
8 悪**ジョウ**件
9 無理**カイ**
10 清**ケツ**感

(七) 後の□の中のひらがなを漢字になおして、**対義語**(意味が反対や対《つい》になることば)と、**類義語**(意味がよくにたことば)を書きなさい。□の中のひらがなは**一度だけ**使い、**漢字一字**を書きなさい。 (20) 2×10

対義語

増加 —(1)少

(八) 上の読みの漢字を□の中から選び、( )にあてはめて**じゅく語**を作りなさい。答えは**記号**で書きなさい。 (12) 2×6

ヒ	(1)料・対(2) 消(3)税
ソク	時(4)・規(5) (6)量

ア 悲	イ 側	ウ 比	エ 速
オ 測	カ 息	キ 則	ク 非
ケ 費	コ 飛	サ 肥	シ 束

(九) 漢字の読みには**音**と**訓**があります。次の**じゅく語の読み**は□の中のどの組み合わせになっていますか。ア〜エの**記号**で答えなさい。 (20) 2×10

ア 音と音	イ 音と訓
ウ 訓と訓	エ 訓と音

1 係《かかり》員《いん》

6 綿《めん》花《か》

(十) 次の——線の**カタカナ**を**漢字**になおしなさい。 (40) 2×20

1 梅の**エダ**でメジロがさえずる。
2 わたしの**ユメ**は外交官になることだ。
3 おばと母は声がよく**ニ**ている。
4 **リュウガク**に向けて英語を勉強する。
5 進入禁止を**シメ**す標識が立っている。
6 代表選手が胸《むね》を**ハ**って入場する。
7 正月の**デントウ**的な遊びを楽しむ。
8 人気歌手がオペラの主役を**エン**じる。
9 陸上**キョウギ**会への出場が決まる。

合唱—(2)唱
基本—(3)用
主語—(4)語
修理—破(5)

おう・げん・じゅつ・そん・どく

類義語

点検—検(6)
中止—中(7)
才能—(8)質
平等—(9)等
刊行—出(10)

きん・さ・そ・だん・ぱん

2 塩水《しおみず》
3 経営《けいえい》
4 品物《しなもの》
5 格安《かくやす》
7 大判《おおばん》
8 味見《あじみ》
9 広告《こうこく》
10 職場《しょくば》

(十) 次の——線の**カタカナ**を**漢字**になおしなさい。 (18) 2×9

1 書店で文庫本を**カ**った。
2 家でねこを**カ**っている。
3 固体がとけて**エキ**体になる。
4 日本の貿**エキ**の特色をまとめる。
5 休けいの後、会議が**サイ**開された。
6 姉は会社の**サイ**用試験に合格した。
7 ダンスの発表会に**ショウ**待された。
8 詩が入選して**ショウ**状をもらう。
9 先生の話が印**ショウ**に残る。

10 **ニクガン**で冬の星座《ざ》を観察する。
11 バトンを受け取って力の**カギ**り走る。
12 おぼれている人を**キュウジョ**する。
13 **ヒサ**しぶりに家族で旅行をした。
14 竹ぼうきで落ち葉をはき**ヨ**せる。
15 **セッケイ**図をもとに家を建てる。
16 校庭の鉄棒《ぼう》で**サカ**上がりを練習する。
17 水や**キンゾク**の温まり方を調べる。
18 交通ルールを守って事故を**フセ**ぐ。
19 停電の**ゲンイン**が明らかになった。
20 **ツミ**をにくんで人をにくまず

▼解答は別冊26・27ページ

(一) 次の――線の漢字の読みをひらがなで書きなさい。 (20) 1×20

1 料理をいろどりよく皿に盛り付ける。
2 高原のすがすがしい空気を吸う。
3 文化遺産に登録された寺を見学する。
4 つな引きをした後、手をよく洗った。
5 牧場でしぼりたての牛乳を飲む。
6 リレーでトップとの差が縮まる。
7 キャンプの参加費は個人で負担した。
8 街頭で通行人に署名を呼びかける。
9 山の中腹にある宿にとまった。

(二) 次の漢字の部首と部首名を後の□の中から選び、記号で答えなさい。 (10) 1×10

〈例〉返　部首〔う〕　部首名〔ク〕

	部首	部首名
宝	〔1〕	〔2〕
盟	〔3〕	〔4〕
陛	〔5〕	〔6〕
憲	〔7〕	〔8〕
届	〔9〕	〔10〕

あ 日　い 皿　う 辶　え 宀
お 罒　か 尸　き 厂　く 心
け 阝　こ 土

ア かばね しかばね　イ こころ

(四) 次の――線のカタカナを漢字一字と送りがな(ひらがな)になおしなさい。 (10) 2×5

〈例〉クラブのきまりをサダメル。〔定める〕

1 図工の作品をたなにナラベル。
2 オサナイ子が笑っている。
3 寄港した船が燃料をオギナウ。
4 友人との約束をうっかりワスレル。
5 手を合わせて仏様をオガム。

(五) 漢字の読みには音と訓があります。次の熟語の読みは□の中のどの組み合わせになっていますか。ア～エの記号で答えなさい。 (20) 2×10

ア 音と音　イ 音と訓
ウ 訓と訓　エ 訓と音

10 市の予算の内訳が公開される。
11 地球温暖化への対策を推進する。
12 森のおくにきれいな泉がある。
13 絵の勉強のために名画を模写する。
14 帰る途《と》中で激しい夕立にあった。
15 合唱の指揮を任された。
16 人間の頭脳が科学を進歩させた。
17 姉は声優を目指している。
18 蚕はくわの葉を食べて育つ。
19 車窓から沿線の風景をながめる。
20 お地蔵のひざよたもとよ鳴く千鳥

ウ つち	エ がんだれ
オ こざとへん	カ さら
キ うかんむり	ク しんにょう しんにゅう
ケ あみがしら あみめ よこめ	コ ひへん

(三) 次の漢字の**太い画**のところは**筆順の何画目**か、また**総画数は何画**か、**算用数字**（1、2、3…）で答えなさい。 (10) 1×10

〈例〉**定** 何画目（5） 総画数（8）

	何画目	**総画数**
訳	（1）	（2）
我	（3）	（4）
班	（5）	（6）
済	（7）	（8）
閣	（9）	（10）

1 源流
2 若葉
3 返済
4 弱気
5 派手
6 割合
7 裏地
8 旧型
9 傷口
10 蒸発

(六) 次の**カタカナ**を**漢字**になおし、**一字だけ**書きなさい。 (20) 2×10

1 精**ミツ**検査
2 **カタ**側通行
3 政**トウ**政治
4 自**コ**本位
5 実験**ソウ**置
6 学級日**シ**
7 書留**ユウ**便
8 言語道**ダン**
9 事務**ショ**理
10 危急存**ボウ**

(七) 後の□の中のひらがなを漢字になおして、**対義語**(意味が反対や対《つい》になることば)と、**類義語**(意味がよくにたことば)を書きなさい。□の中のひらがなは**一度だけ**使い、**漢字一字**を書きなさい。

(20) 2×10

対義語

横糸—(1)糸

通常—(2)時

複雑—(3)単

応答—(4)質

退職—(5)職

類義語

方法—手(6)

分野—領(7)

討議—討(8)

(九) 漢字を二字組み合わせた熟語では、二つの漢字の間に意味の上で、次のような関係があります。

(20) 2×10

ア 反対や対《つい》になる意味の字を組み合わせたもの。 (例…**強弱**)

イ 同じような意味の字を組み合わせたもの。 (例…**進行**)

ウ 上の字が下の字の意味を説明(修飾《しょく》)しているもの。 (例…**国旗**)

エ 下の字から上の字へ返って読むと意味がよくわかるもの。 (例…**消火**)

次の**熟語**は、右のア〜エのどれにあたるか、**記号**で答えなさい。

1 禁止

2 乗降

3 敬老

4 半熟

6 開閉

7 寸前

8 帰郷

9 純白

(十) 次の――線の**カタカナ**を**漢字**になおしなさい。

(40) 2×20

1 **ホネ**の折れる作業を根気よく続ける。

2 畑一面にひまわりがさき**ミダ**れる。

3 焼きそばに**ベニ**しょうがを散らす。

4 国民には裁判を受ける**ケンリ**がある。

5 あやつり人形を使った**ゲキ**を見た。

6 チャンピオンを破って**オウザ**につく。

7 駅前にカレーの**センモン**店ができた。

8 **トウブン**のとり過ぎに気をつける。

9 授業中に**シゴ**をして注意された。

10 浜辺《はまべ》にたくさんの魚が**ホ**してある。

未来―（9）来

改新―改（10）

いき・かく・かん・ぎ・しゅう
しょう・たて・だん・りん・ろん

(八) 後の□の中から漢字を選んで、次の意味にあてはまる**熟語**を作りなさい。答えは**記号**で書きなさい。 (10) 2×5

〈例〉本をよむこと。（読書） シ｜サ

1 広げて大きくすること。
2 病人などの手当てや世話をすること。
3 物事をおそれない心。
4 きびしくきちんとした様子。
5 一生の終わりに近い時期。

ア 格	イ 護	ウ 度	エ 張
オ 年	カ 胸	キ 晩	ク 厳
ケ 看	コ 拡	サ 書	シ 読

5 破損

10 肥満

(十) 次の――線の**カタカナ**を**漢字**になおしなさい。 (20) 2×10

1 立方体には**チョウ**点が八つある。
2 気象**チョウ**が天気予報を発表する。
3 鉄**ボウ**で逆上がりの練習をする。
4 **ボウ**風雨のため船が欠航した。
5 先祖の墓に花を**ソナ**える。
6 マラソン大会に**ソナ**えて早くねる。
7 好きな小説の**チョ**者に手紙を書く。
8 こづかいの残りを**チョ**金箱に入れる。
9 大名が広大な領地を**シ**配する。
10 人口減少は軽**シ**できない問題だ。
11 夕焼けで西の空が赤く**ソ**まる。
12 国や民族によって食文化は**コト**なる。
13 **ユウラン**船から島々をながめる。
14 すもうの熱戦を見て**コウフン**した。
15 防災訓練は台風のため**エンキ**された。
16 百貨店で**キヌ**のスカーフを買う。
17 順路に**シタガ**って水族館を見学する。
18 みんなの前で詩を**ロウドク**する。
19 先生のはげましの言葉を心に**キザ**む。
20 わが身をつねって人の**イタ**さを知れ

▼解答は別冊28・29ページ

5級

漢検

日本漢字能力検定　答案用紙

注意点がうらにありますので、よく読んで答えてください。

答えはすべてこの用紙に記入してください。

この用紙はおりまげたり、よごしたりしないでください。

性別	生年月日
男 □	西暦《れき》 □□□□ 年 □□ 月 □□ 日 ※印字されていない場合は、□の中に生年月日を記入。 <記入例> 生年月日が2001年（平成13年）1月1日なら 2001年01月01日
女 □	訂《てい》正 □ 西暦《れき》 □□□□ 年 □□ 月 □□ 日 ※生年月日がちがう場合、訂《てい》正□にマークし、□の中に正しい生年月日を記入。

□のぬりかた
○のように□をきれいにぬりつぶしてください。
○ ▮　× □ ✓ □

ご記入いただきました個人情報は、当協会の検定にかかわる業務にのみ使います。

（ただし、検定にかかわる業務に際し、業務提携会社に作業を委託する場合があります。）

ご記入いただきました個人情報にかかわるお問い合わせは、下記までおねがいします。

（公財）日本漢字能力検定協会　https://www.kanken.or.jp/privacy/

（一）読み（20）　1×20

1	2	3	4	5	6	7

（二）部首と部首名（記号）（10）　1×10

1	2	3	4	5	6	7

（四）漢字と送りがな（ひらがな）（10）　2×5

1	2	3	4	5

（五）音と訓（記号）（20）　2×10

1

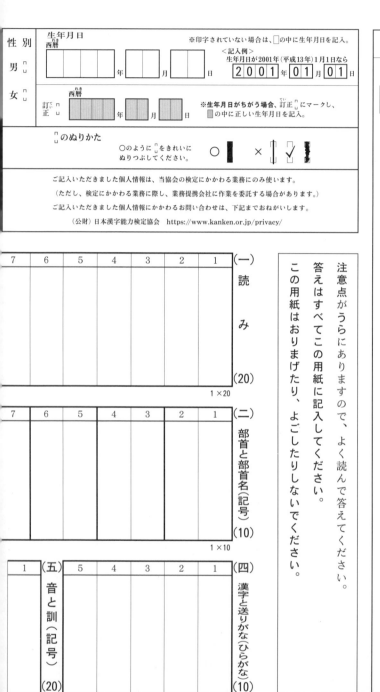

会場番号	会場名	受検番号	氏名	ふりがな
0 1 2 3 4 5 6 7 8 9 (×7)		0 1 2 3 4 5 6 7 8 9 (×6)	※印字されていない場合は氏名を記入。	

※氏名がちがう場合、右上の訂正《ていせい》にマークし、正しい氏名を記入。

訂正《ていせい》

20	19	18	17	16	15	14	13	12	11	10	9	8

(三) 画数(算用数字) (10)

10	9	8	7	6	5	4	3	2	1
画	画目	画	画目	画	画目	画	画目	画	画目

1×10

10	9	8

10	9	8	7	6	5	4	3	2

（六）四字の熟語（一字）（20）

1	2	3	4	5	6	7	8	9	10

2 × 10

（七）対義語・類義語（一字）（20）

1	2

2 × 10

（八）熟語作り（記号）（10）

1	2	3	4	5

2 × 5

（九）熟 語（記号）（20）

1	2	3	4	5	6	7	8	9	10

2 × 10

（十）同じ読みの漢字（20）

1

2 × 10

（十）漢 字（40）

1	2	3	4	5	6	7	8	9	10	11	12	13

2 × 20

ないでください。答えが書けなくてもかならず出してください。

は誤答となることがありますので、ご注意ください。

10	9	8	7	6	5	4	3

10	9	8	7	6	5	4	3	2

20	19	18	17	16	15	14

これより下は記入しないこと。

年	0	1	■	3	4	5	6	7	8	9
	■	1	2	3	4	5	6	7	8	9
度	0	1	■	3	4	5	6	7	8	9
	0	1	■	3	4	5	6	7	8	9

回	0	■	2	3	4	5	6	7	8	9
日程	A	■	C	D	E	F	G	H	I	J
	N	O	P	Q	R	S	T	U	V	W
級	0	1	2	3	4	■	6	7	8	9
	■	1	2	3	4	5	6	7	8	9

この用紙はおりまげたり、よごしたりし

らんざつな字や、うすくて読みにくい字

〔注　意　点〕

① 答えはすべてこの用紙に書きなさい。

② あいずがあるまで、はじめてはいけません。(時間は**60分**です。)

③ 問題についてのせつめいはありませんので、問題をよく読んでから答えを書きなさい。

④ 答えは、ＨＢ・Ｂ・２Ｂのえんぴつまたはシャープペンシルで書きなさい。

(ボールペンや万年筆などは使わないこと)

⑤ 答えは、**楷《かい》書**でわく内いっぱいに**大きくはっきり**書きなさい。

とくに漢字の**書きとり問題**では**はねるところ・とめるところ**など、はっきり書きなさい。

行書体や草書体のようにくずした字や、らんざつな字は答えとしてみとめられません。

〈つづけて書いてはいけないところ〉

例 ○糸－×糸・○灬－×灬・○口－×口

△合否にかかわる問い合わせにはいっさいお答えできません。

（公財）日本漢字能力検定協会

常用漢字表 付表（熟字《じゅくじ》訓・当て字など）

＊小・中・高：小学校・中学校・高等学校のどの時点で学習するかの割《わ》り振《ふ》りを示した。

※以下に挙げられている語を構成要素の一部とする熟語《じゅくご》に用いてもかまわない。

例「河岸（かし）」→「魚河岸（うおがし）」／「居士（こじ）」→「一言居士（いちげんこじ）」

付表1

語	読み	小	中	高
明日	あす	●		
小豆	あずき		●	
海女・海士	あま			●
硫黄	いおう		●	
意気地	いくじ		●	
田舎	いなか		●	
息吹	いぶき			●
海原	うなばら		●	
乳母	うば		●	
浮気	うわき			●
浮つく	うわつく		●	
笑顔	えがお		●	
叔父・伯父	おじ		●	
大人	おとな	●		
乙女	おとめ		●	
叔母・伯母	おば		●	
お巡りさん	おまわりさん		●	
お神酒	おみき			●
母屋・母家	おもや			●
母さん	かあさん	●		
神楽	かぐら			●
河岸	かし			●
鍛冶	かじ		●	
風邪	かぜ		●	
固唾	かたず		●	
仮名	かな		●	
蚊帳	かや			●
為替	かわせ		●	
河原・川原	かわら	●		
昨日	きのう	●		
今日	きょう	●		
果物	くだもの	●		
玄人	くろうと			●
今朝	けさ	●		
景色	けしき	●		
心地	ここち		●	

語	読み	小	中	高
居士	こじ			●
今年	ことし	●		
早乙女	さおとめ		●	
雑魚	ざこ			●
桟敷	さじき			●
差し支える	さしつかえる		●	
五月	さつき		●	
早苗	さなえ		●	
五月雨	さみだれ		●	
時雨	しぐれ		●	
尻尾	しっぽ		●	
竹刀	しない		●	
老舗	しにせ		●	
芝生	しばふ		●	
清水	しみず	●		
三味線	しゃみせん		●	
砂利	じゃり		●	

語	読み	小	中	高
数珠	じゅず			●
上手	じょうず	●		
白髪	しらが		●	
素人	しろうと			●
師走	しわす(しはす)			●
数寄屋・数奇屋	すきや			●
相撲	すもう		●	
草履	ぞうり		●	
山車	だし			●
太刀	たち		●	
立ち退く	たちのく		●	
七夕	たなばた	●		
足袋	たび		●	
稚児	ちご			●
一日	ついたち	●		
築山	つきやま			●
梅雨	つゆ		●	

語	読み	小	中	高
凸凹	でこぼこ		●	
手伝う	てつだう	●		
伝馬船	てんません			●
投網	とあみ			●
父さん	とうさん	●		
十重二十重	とえはたえ			●
読経	どきょう			●
時計	とけい	●		
友達	ともだち	●		
仲人	なこうど			●
名残	なごり		●	
雪崩	なだれ		●	
兄さん	にいさん	●		
姉さん	ねえさん	●		
野良	のら			●
祝詞	のりと			●
博士	はかせ	●		

語	読み	小	中	高
二十・二十歳	はたち		●	
二十日	はつか	●		
波止場	はとば		●	
一人	ひとり	●		
日和	ひより		●	
二人	ふたり	●		
二日	ふつか	●		
吹雪	ふぶき		●	
下手	へた	●		
部屋	へや	●		
迷子	まいご	●		
真面目	まじめ	●		
真っ赤	まっか	●		
真っ青	まっさお	●		
土産	みやげ		●	
息子	むすこ		●	
眼鏡	めがね	●		

語	読み	小	中	高
猛者	もさ			●
紅葉	もみじ		●	
木綿	もめん		●	
最寄り	もより		●	
八百長	やおちょう			●
八百屋	やおや	●		
大和	やまと		●	
弥生	やよい		●	
浴衣	ゆかた			●
行方	ゆくえ		●	
寄席	よせ			●
若人	わこうど		●	

付表2

語	読み	小	中	高
愛媛	えひめ	●		
茨城	いばらき	●		
岐阜	ぎふ	●		
鹿児島	かごしま	●		
滋賀	しが	●		
宮城	みやぎ	●		
神奈川	かながわ	●		
鳥取	とっとり	●		
大阪	おおさか	●		
富山	とやま	●		
大分	おおいた	●		
奈良	なら	●		

都道府県名

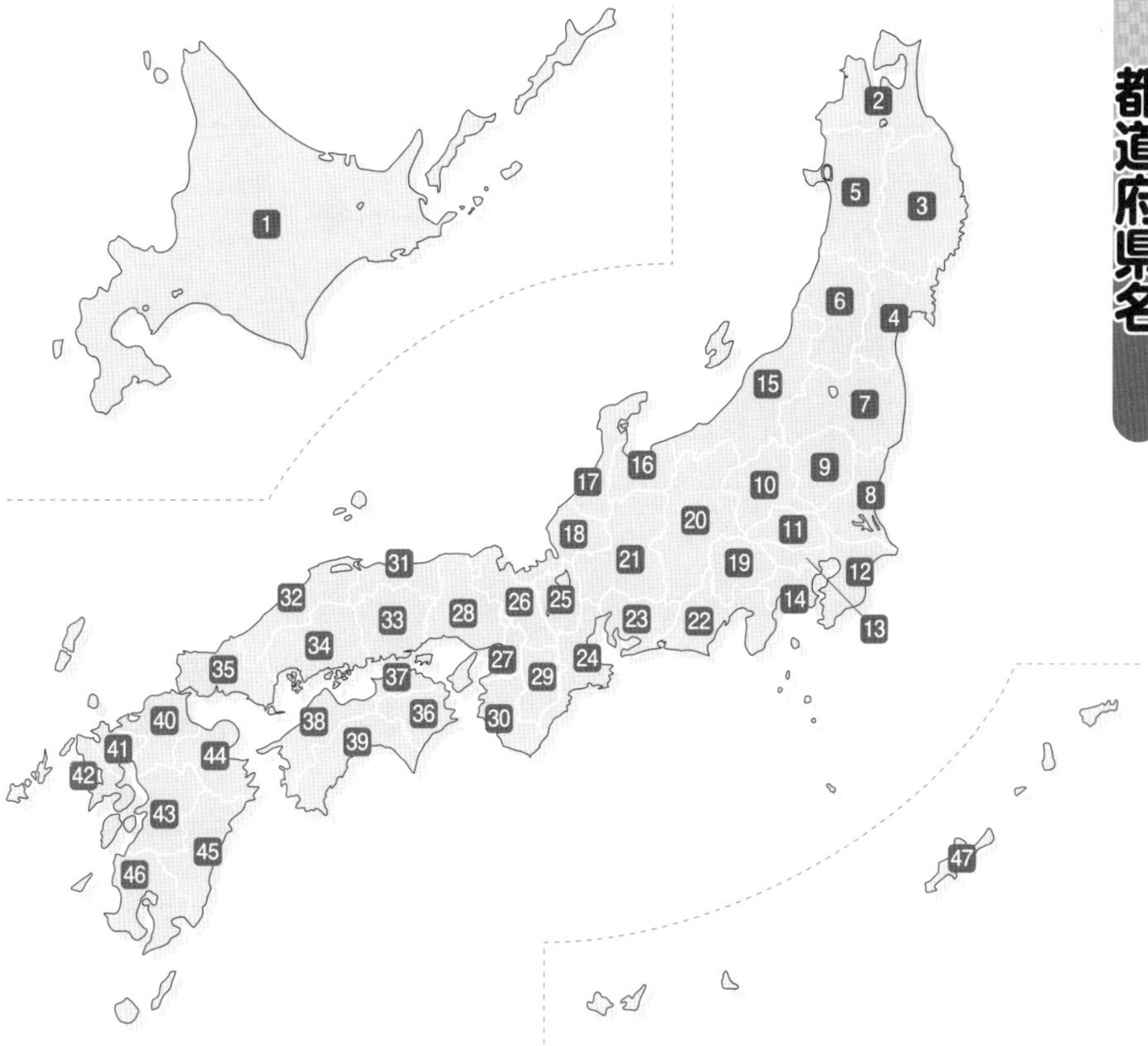

1	2	3	4	5	6	7	8	9	10	11	12	13	14	15	16
北海道《ほっかいどう》	青森県《あおもりけん》	岩手《いわて》県	宮城《みやぎ》県	秋田《あきた》県	山形《やまがた》県	福島《ふくしま》県	茨城《いばらき》県	栃木《とちぎ》県	群馬《ぐんま》県	埼玉《さいたま》県	千葉《ちば》県	東京都《とうきょうと》	神奈川《かながわ》県	新潟《にいがた》県	富山《とやま》県

17	18	19	20	21	22	23	24	25	26	27	28	29	30	31	32
石川《いしかわ》県	福井《ふくい》県	山梨《やまなし》県	長野《ながの》県	岐阜《ぎふ》県	静岡《しずおか》県	愛知《あいち》県	三重《みえ》県	滋賀《しが》県	京都府《きょうとふ》	大阪《おおさか》府	兵庫《ひょうご》県	奈良《なら》県	和歌山《わかやま》県	鳥取《とっとり》県	島根《しまね》県

33	34	35	36	37	38	39	40	41	42	43	44	45	46	47
岡山《おかやま》県	広島《ひろしま》県	山口《やまぐち》県	徳島《とくしま》県	香川《かがわ》県	愛媛《えひめ》県	高知《こうち》県	福岡《ふくおか》県	佐賀《さが》県	長崎《ながさき》県	熊本《くまもと》県	大分《おおいた》県	宮崎《みやざき》県	鹿児島《かごしま》県	沖縄《おきなわ》県

●本書に関するアンケート●

今後の出版事業に役立てたいと思いますので、アンケートにご協力ください。抽選《ちゅうせん》で粗品《そしな》をお送りします。

◆PC・スマートフォンの場合

下記 URL、または二次元コードから回答画面に進み、画面の指示に従《したが》ってお答えください。

https://www.kanken.or.jp/kanken/textbook/past.html

◆愛読者カード（ハガキ）の場合

本書挟《はさ》み込《こ》みのハガキに切手を貼《は》り、お送りください。

漢検 6級 過去問題集

2024年1月30日　第1版第2刷　発行

編　者　公益財団法人 日本漢字能力検定協会

発行者　山崎　信夫

印刷所　大日本印刷株式会社

発行所　公益財団法人 日本漢字能力検定協会

〒605-0074 京都市東山区祇園町南側551番地

☎(075)757-8600

ホームページhttps://www.kanken.or.jp/

Printed in Japan

ISBN978-4-89096-493-2 C0081

乱丁・落丁本はお取り替えいたします。

公益財団法人 日本漢字能力検定協会

漢検

漢検 過去問題集 6級

標準解答

目次

別《べっ》冊《さつ》

本体からはなしてお使いください。

6級 試験問題 1 標準解答【本冊16～19ページ】

(一) 読み (20) 1×20

1	2	3	4	5	6	7	8	9	10	11	12
こえだ	ゆる	ぎんが	こうしゃ	かま	じざい	けいかい	に	いきお	あ	かぎ	ほうこく

(二) 漢字と送りがな(ひらがな) (10) 2×5

1	2	3	4	5
険しい	築く	慣れる	破る	豊かな

合格者平均得点 9.2／10

(三) 部首名と部首 (10) 1×10

1	2	3	4
コ	土	ウ	田

(四) 画数(算用数字) (10) 1×10

1	2	3	4	5	6	7	8	9	10
2	11	7	8	4	10	3	6	1	8

合格者平均得点 8.8／10

(六) 三字のじゅく語(一字) (20) 2×10

1	2	3	4	5	6	7	8	9	10
永	逆	率	設	条	識	格	飼	非	護

合格者平均得点 17.6／20

(八) じゅく語作り(記号) (12) 2×6

1	2	3	4	5	6
ウ	ケ	ク	イ	サ	オ

合格者平均得点 11.3／12

(九) 音と訓(記号) (20) 2×10

1	2	3	4	5	6	7	8
ウ	ア	エ	ア	イ	ウ	イ	ウ

(十) 漢字 (40) 2×20

1	2	3	4	5	6	7	8	9	10	11	12
燃	衛星	雑草	医師	血液	綿	基本	織	比	招	技術	禁止

20	19	18	17	16	15	14	13
なさ	せいけつ	ゆそう	せ	じゅぎょう	ぞく	ま	ぶんかざい

合格者平均得点 19.4/20

10	9	8	7	6	5
刂	オ	尸	カ	扌	イ

合格者平均得点 9.3/10

10	9	8	7	6	5	4	3	2	1
イ	ウ	ア	イ	エ	ウ	エ	ウ	ア	イ

2×10

合格者平均得点 16.9/20

10	9	8	7	6	5	4	3	2	1
絶	夢	態	任	独	解	略	賛	断	質

2×10

合格者平均得点 16.9/20

10	9
エ	ア

合格者平均得点 15.3/20

(十) 同じ読みの漢字 (18)

9	8	7	6	5	4	3	2	1
鉱	効	好	貸	借	政	精	暴	貿

2×9

合格者平均得点 15.1/18

20	19	18	17	16	15	14	13
損	布	確	張	指導	保	準備	厚

合格者平均得点 34.5/40

学習日　月　日

/200

(一) 読み (20)

1	2	3	4	5	6	7	8	9	10	11	12
は	そうぞう	うつ	せっせん	ふさい	こた	か	ぎむ	けわ	くら	きゅうゆう	はか

1×20

(二) 漢字と送りがな(ひらがな) (10)

1	2	3	4	5
招く	再び	構える	快い	耕す

2×5

合格者平均得点 8.9/10

(三) 部首名と部首 (10)

1	2	3	4
ウ	口	イ	阝

1×10

(四) 画数(算用数字) (10)

1	2	3	4	5	6	7	8	9	10
7	10	16	18	9	11	5	14	5	8

1×10

合格者平均得点 8.8/10

(六) 三字のじゅく語(一字) (20)

1	2	3	4	5	6	7	8	9	10
逆	陸	圧	非	均	状	輸	証	限	易

2×10

合格者平均得点 17.0/20

(八) じゅく語作り(記号) (12)

1	2	3	4	5	6
シ	キ	ア	サ	イ	ウ

2×6

合格者平均得点 11.0/12

(九) 音と訓(記号) (20)

1	2	3	4	5	6	7	8
ウ	ア	エ	ウ	イ	ア	ウ	ア

2×10

(十) 漢字 (40)

1	2	3	4	5	6	7	8	9	10	11	12
布	支	久	団体	勢	清潔	夢中	校舎	幹	内容	駅弁	酸素

2×20

13	14	15	16	17	18	19	20
ちょうさ	おんてい	てきせつ	こころざ	かんしゃ	と	こせいてき	よ

合格者平均得点 19.3/20

5	6	7	8	9	10
ク	⺮	キ	刂	オ	厂

合格者平均得点 8.9/10

(五) じゅく語の構成（記号）(20

1	2	3	4	5	6	7	8	9	10
ア	ウ	ア	エ	イ	エ	エ	ア	イ	ウ

2×10

合格者平均得点 16.0/20

(七) 対義語・類義語（一字）(20)

1	2	3	4	5	6	7	8	9	10
独	絶	可	祖	損	準	標	経	額	造

2×10

合格者平均得点 16.4/20

9	10
イ	エ

合格者平均得点 13.6/20

(十) 同じ読みの漢字 (18)

1	2	3	4	5	6	7	8	9
飯	犯	積	績	鳴	慣	銅	導	堂

2×9

合格者平均得点 14.9/18

13	14	15	16	17	18	19	20
迷	演	美術	現在	混雑	過	燃	余

合格者平均得点 34.3/40

学習日　月　日

/200

㈠ 読み (20) 1×20

1	2	3	4	5	6	7	8	9	10	11	12
よ	ていあん	さいせい	ま	みき	えいぎょう	じつざい	せ	とうけい	はか	か	にくがん

㈡ 漢字と送りがな(ひらがな) (10) 2×5

1	2	3	4	5
勢い	導く	設ける	険しい	志す

合格者平均得点 9.4 / 10

㈢ 部首名と部首 (10) 1×10

1	2	3	4
ク	貝	イ	口

㈣ 画数(算用数字) (10) 1×10

1	2	3	4	5	6	7	8	9	10
9	12	10	17	6	11	11	12	3	14

合格者平均得点 9.3 / 10

㈥ 三字のじゅく語(一字) (20) 2×10

1	2	3	4	5	6	7	8	9	10
災	格	衛	限	弁	舎	政	税	査	均

合格者平均得点 18.1 / 20

㈧ じゅく語作り(記号) (12) 2×6

1	2	3	4	5	6
シ	キ	カ	ア	ウ	ク

合格者平均得点 11.3 / 12

㈨ 音と訓(記号) (20) 2×10

1	2	3	4	5	6	7	8
ウ	エ	ウ	イ	ア	エ	ア	イ

㈩ 漢字 (40) 2×20

1	2	3	4	5	6	7	8	9	10	11	12
燃	久	銅像	易	知識	額	比	事故	飼育	編	美術	低気圧

13	14	15	16	17	18	19	20
まよ	きょうみ	ひりょう	けいかい	みがま	と	せいかく	だんけつ

合格者平均得点 19.5／20

5	6	7	8	9	10
エ	辶	キ	灬	力	ネ

合格者平均得点 9.3／10

(五) じゅく語の構成（記号）(20)

1	2	3	4	5	6	7	8	9	10
ア	イ	ア	エ	ウ	エ	イ	ウ	ア	ウ

2×10

合格者平均得点 16.8／20

(七) 対義語・類義語（一字）(20)

1	2	3	4	5	6	7	8	9	10
応	独	液	破	精	賛	素	準	輸	居

2×10

合格者平均得点 17.3／20

9	10
ア	ウ

合格者平均得点 15.4／20

(十) 同じ読みの漢字 (18)

1	2	3	4	5	6	7	8	9
現	減	慣	刊	逆	坂	犯	判	版

2×9

合格者平均得点 15.2／18

13	14	15	16	17	18	19	20
予防	豊	雑木	演	枝	保健	所属	仏

合格者平均得点 34.2／40

学習日 月 日

／200

(一) 読み (20) 1×20

1	2	3	4	5	6	7	8	9	10	11	12
あらわ	つと	せいけつ	あ	もう	こうしゅう	ぎんが	じゅぎょう	ぞく	いきお	ごく	じざい

(二) 漢字と送りがな(ひらがな) (10) 2×5

1	2	3	4	5
険しい	測る	許し	耕す	述べる

合格者平均得点 9.2/10

(三) 部首名と部首 (10) 1×10

1	2	3	4
オ	亻	キ	土

(四) 画数(算用数字) (10) 1×10

1	2	3	4	5	6	7	8	9	10
3	11	9	10	8	13	3	12	2	5

合格者平均得点 8.8/10

(六) 三字のじゅく語(一字) (20) 2×10

1	2	3	4	5	6	7	8	9	10
保	防	非	税	減	松	独	可	絶	衛

合格者平均得点 17.4/20

(八) じゅく語作り(記号) (12) 2×6

1	2	3	4	5	6
イ	キ	ウ	シ	エ	ケ

合格者平均得点 11.1/12

(九) 音と訓(記号) (20) 2×10

1	2	3	4	5	6	7	8
エ	ウ	ア	ウ	イ	ウ	ア	イ

(十) 漢字 (40) 2×20

1	2	3	4	5	6	7	8	9	10	11	12
弁当	比	似	応	移	事故	余	支	血液	営	破	寄

20	19	18	17	16	15	14	13
なさ	ゆた	そうぞう	ひょうばん	ぶんかざい	かま	せっせん	かぎ

合格者平均得点 19.3/20

10	9	8	7	6	5
罒	ウ	頁	エ	口	コ

合格者平均得点 9.6/10

(五) じゅく語の構成(記号) (20) 2×10

10	9	8	7	6	5	4	3	2	1
ア	エ	イ	ウ	ア	エ	ウ	エ	イ	ア

合格者平均得点 16.4/20

(七) 対義語・類義語(一字) (20) 2×10

10	9	8	7	6	5	4	3	2	1
輸	版	久	準	容	略	祖	断	因	逆

合格者平均得点 16.9/20

10	9
ア	エ

合格者平均得点 14.4/20

(十) 同じ読みの漢字 (18) 2×9

9	8	7	6	5	4	3	2	1
仮	過	価	最	採	厚	熱	導	銅

合格者平均得点 15.5/18

20	19	18	17	16	15	14	13
任	雑木	規則	綿	禁止	開演	校舎	基本

合格者平均得点 34.3/40

学習日 月 日

/200

6級 試験問題 5 標準解答【本冊32～35ページ】

(一) 読み (20) 1×20

1	2	3	4	5	6	7	8	9	10	11	12
さくら	どう	こうしゃ	ふたた	つと	ぎんが	は	えいようか	よ	かんようく	おさ	かんそく

(二) 漢字と送りがな（ひらがな） (10) 2×5

1	2	3	4	5
移す	比べる	快い	混ぜる	耕す

合格者平均得点 9.0/10

(三) 部首名と部首 (10) 1×10

1	2	3	4
工	木	力	辶

(四) 画数（算用数字） (10) 1×10

1	2	3	4	5	6	7	8	9	10
8	13	5	7	11	12	6	11	13	15

合格者平均得点 9.1/10

(六) 三字のじゅく語（一字） (20) 2×10

1	2	3	4	5	6	7	8	9	10
現	圧	率	永	査	綿	責	鉱	属	護

合格者平均得点 17.0/20

(八) じゅく語作り（記号） (12) 2×6

1	2	3	4	5	6
オ	コ	キ	カ	サ	ア

合格者平均得点 10.9/12

(九) 音と訓（記号） (20) 2×10

1	2	3	4	5	6	7	8
ア	ウ	ア	イ	エ	イ	ア	ウ

(十) 漢字 (40) 2×20

1	2	3	4	5	6	7	8	9	10	11	12
内容	過	布	美術	規則	燃	準備	仏像	支	災害	招	絶

13	14	15	16	17	18	19	20
あ	しんきょう	こくさい	やぶ	ほうさく	ひたい	やさ	のう

合格者平均得点 19.0/20

5	6	7	8	9	10
コ	土	オ	卩	ク	口

合格者平均得点 9.7/10

(五) じゅく語の構成(記号) (20)

1	2	3	4	5	6	7	8	9	10
ウ	イ	ウ	ア	エ	ア	ウ	ア	イ	エ

2×10

合格者平均得点 16.6/20

(七) 対義語・類義語(一字) (20)

1	2	3	4	5	6	7	8	9	10
可	祖	賛	益	復	独	興	導	応	衛

2×10

合格者平均得点 16.9/20

9	10
エ	ウ

合格者平均得点 12.7/20

(十) 同じ読みの漢字 (18)

1	2	3	4	5	6	7	8	9
刊	幹	精	清	貸	借	司	飼	資

2×9

合格者平均得点 14.5/18

13	14	15	16	17	18	19	20
輸出	炭酸	救助	演	余	品質	営	罪

合格者平均得点 33.8/40

学習日 月 日

/200

(一) 読み (20) 1×20

1	2	3	4	5	6	7	8	9	10	11	12
かんしゃ	も	こくさい	にあ	ていしゅつ	せいたい	ゆる	は	きず	こころよ	つね	ひさ

(二) 漢字と送りがな(ひらがな) (10) 2×5

1	2	3	4	5
限り	測る	易しい	導く	確かめる

合格者平均得点 9.0/10

(三) 部首名と部首 (10) 1×10

1	2	3	4
コ	糸	ウ	木

(四) 画数(算用数字) (10) 1×10

1	2	3	4	5	6	7	8	9	10
3	7	10	12	8	13	11	14	5	7

合格者平均得点 9.1/10

(六) 三字のじゅく語(一字) (20) 2×10

1	2	3	4	5	6	7	8	9	10
圧	弁	可	率	留	暴	績	均	証	経

合格者平均得点 17.2/20

(八) じゅく語作り(記号) (12) 2×6

1	2	3	4	5	6
キ	イ	ケ	ク	オ	ウ

合格者平均得点 11.1/12

(九) 音と訓(記号) (20) 2×10

1	2	3	4	5	6	7	8
ア	ア	ウ	イ	エ	ア	ウ	エ

(十) 漢字 (40) 2×20

1	2	3	4	5	6	7	8	9	10	11	12
内容	豊	比	夢	原因	直接	事故	銀河	校舎	税金	寄	開演

13	14	15	16	17	18	19	20
ま	てんけん	ふたた	えいせい	ぶんかざい	ひょうか	ゆそう	か

合格者平均得点 19.2／20

5	6	7	8	9	10
ケ	頁	才	辶	イ	貝

合格者平均得点 9.7／10

(五) じゅく語の構成(記号) (20) 2×10

1	2	3	4	5	6	7	8	9	10
ア	ウ	エ	イ	イ	ウ	ア	イ	エ	ア

合格者平均得点 16.7／20

(七) 対義語・類義語(一字) (20) 2×10

1	2	3	4	5	6	7	8	9	10
応	逆	略	益	祖	任	居	独	句	眼

合格者平均得点 17.3／20

9	10
イ	ウ

合格者平均得点 14.0／20

(十) 同じ読みの漢字 (18) 2×9

1	2	3	4	5	6	7	8	9
移	写	災	妻	幹	慣	効	鉱	構

合格者平均得点 14.8／18

13	14	15	16	17	18	19	20
余	耕	準備	枝	述	指示	貸	仏

合格者平均得点 34.8／40

学習日 月 日

／200

(一) 読み (20) 1×20

1	2	3	4	5	6	7	8	9	10	11	12
も	にがおえ	やぶ	こうえん	ゆうこう	あ	こうきあつ	むしゃ	ひたい	かま	おさ	みき

(二) 漢字と送りがな（ひらがな） (10) 2×5

1	2	3	4	5
比べる	測る	久しく	務める	志す

合格者平均得点 9.2/10

(三) 部首名と部首 (10) 1×10

1	2	3	4
ク	辶	イ	貝

(四) 画数（算用数字） (10) 1×10

1	2	3	4	5	6	7	8	9	10
7	11	3	6	6	8	13	14	10	12

合格者平均得点 9.1/10

(六) 三字のじゅく語（一字） (20) 2×10

1	2	3	4	5	6	7	8	9	10
件	率	非	易	絶	査	犯	衛	均	飼

合格者平均得点 17.7/20

(八) じゅく語作り（記号） (12) 2×6

1	2	3	4	5	6
ア	サ	ク	カ	ケ	オ

合格者平均得点 11.0/12

(九) 音と訓（記号） (20) 2×10

1	2	3	4	5	6	7	8
ウ	ア	エ	ア	イ	エ	イ	ウ

(十) 漢字 (40) 2×20

1	2	3	4	5	6	7	8	9	10	11	12
豊	桜	布	夢中	肉眼	移	混雑	応用	知識	逆	伝統	原因

20	19	18	17	16	15	14	13
なさ	せいひん	さんそ	ほうこく	いとな	あらわ	ぎんが	てきど

合格者平均得点 19.2/20

10	9	8	7	6	5
𠆢	宀	扌	力	灬	才

合格者平均得点 9.7/10

10	9	8	7	6	5	4	3	2	1
エ	イ	ウ	ウ	ア	ウ	イ	エ	ア	エ

2 × 10

合格者平均得点 16.7/20

10	9	8	7	6	5	4	3	2	1
経	賛	職	独	準	則	祖	復	可	減

2 × 10

合格者平均得点 16.8/20

10	9
ウ	ア

合格者平均得点 13.5/20

(十) 同じ読みの漢字 (18)

9	8	7	6	5	4	3	2	1
勢	精	政	述	術	慣	鳴	謝	舎

2 × 9

合格者平均得点 15.5/18

20	19	18	17	16	15	14	13
損	責任	期限	張	耕	駅弁	険	設

合格者平均得点 33.5/40

学習日 月 日

/200

6級 試験問題 8 標準解答【本冊44～47ページ】

(一) 読み (20) 1×20

1	2	3	4	5	6	7	8	9	10	11	12
えだ	いどう	こうえん	へいきん	たし	ぶんかざい	ま	てきせつ	かんそく	は	けんさ	こがた

(二) 漢字と送りがな(ひらがな) (10) 2×5

1	2	3	4	5
営む	貧しい	寄せる	導く	過ぎる

合格者平均得点 9.2/10

(三) 部首名と部首 (10) 1×10

1	2	3	4
キ	口	力	宀

(四) 画数(算用数字) (10) 1×10

1	2	3	4	5	6	7	8	9	10
3	5	10	12	11	18	11	16	1	8

合格者平均得点 8.6/10

(六) 三字のじゅく語(一字) (20) 2×10

1	2	3	4	5	6	7	8	9	10
率	雑	眼	犯	圧	精	条	貿	液	現

合格者平均得点 17.9/20

(八) じゅく語作り(記号) (12) 2×6

1	2	3	4	5	6
ク	ウ	ケ	コ	サ	イ

合格者平均得点 11.0/12

(九) 音と訓(記号) (20) 2×10

1	2	3	4	5	6	7	8
エ	ウ	ア	イ	ア	ウ	イ	ア

(十) 漢字 (40) 2×20

1	2	3	4	5	6	7	8	9	10	11	12
桜	似	囲	銅	合格	破	規則	準備	事故	芸術	保護	豊

13	14	15	16	17	18	19	20
たんさん	がく	せっせん	おりもの	ころ	わたぐも	きょうみ	な

合格者平均得点 19.3／20

5	6	7	8	9	10
コ	イ	エ	リ	オ	心

合格者平均得点 9.6／10

(五) じゅく語の構成（記号） (20)

1	2	3	4	5	6	7	8	9	10
ウ	ア	ウ	イ	エ	イ	ウ	エ	ア	イ

2×10

合格者平均得点 16.2／20

(七) 対義語・類義語（一字） (20)

1	2	3	4	5	6	7	8	9	10
可	賛	逆	益	述	絶	久	留	断	造

2×10

合格者平均得点 16.8／20

9	10
ウ	エ

合格者平均得点 13.0／20

(十) 同じ読みの漢字 (18)

1	2	3	4	5	6	7	8	9
買	飼	災	採	肥	費	史	師	支

2×9

合格者平均得点 14.7／18

13	14	15	16	17	18	19	20
減	輸出	往復	燃	再	清潔	険	余

合格者平均得点 32.6／40

学習日　月　日

／200

(一) 読み (20) 1×20

1	2	3	4	5	6	7	8	9	10	11	12
けいけん	も	にがおえ	せっせん	くら	ぼうふう	ひさ	き	けいかい	こうえん	こんざつ	た

(二) 漢字と送りがな（ひらがな） (10) 2×5

1	2	3	4	5
険しい	破る	構える	耕す	寄せる

合格者平均得点 9.1/10

(三) 部首名と部首 (10) 1×10

1	2	3	4
キ	辶	エ	糹

(四) 画数（算用数字） (10) 1×10

1	2	3	4	5	6	7	8	9	10
3	12	6	12	4	5	3	8	10	14

合格者平均得点 9.0/10

(六) 三字のじゅく語（一字） (20) 2×10

1	2	3	4	5	6	7	8	9	10
故	可	現	再	測	解	均	輪	格	句

合格者平均得点 17.8/20

(八) じゅく語作り（記号） (12) 2×6

1	2	3	4	5	6
イ	オ	サ	ク	カ	ア

合格者平均得点 11.5/12

(九) 音と訓（記号） (20) 2×10

1	2	3	4	5	6	7	8
ウ	エ	ア	ウ	イ	エ	イ	ア

(十) 漢字 (40) 2×20

1	2	3	4	5	6	7	8	9	10	11	12
過	内容	支	述	任	調査	伝統	確	迷	復習	幹	血液

20	19	18	17	16	15	14	13
そな	おさ	たいど	ぼうさい	がんか	はか	か	ほうふ

合格者平均得点 19.5/20

10	9	8	7	6	5
尸	コ	頁	ウ	カ	ク

合格者平均得点 9.7/10

(五) じゅく語の構成(記号) (20)

10	9	8	7	6	5	4	3	2	1
ウ	イ	ア	エ	ア	イ	エ	イ	ウ	ア

2×10

合格者平均得点 16.9/20

(七) 対義語・類義語(一字) (20)

10	9	8	7	6	5	4	3	2	1
序	留	断	因	保	職	独	祖	基	質

2×10

合格者平均得点 18.3/20

10	9
ア	ウ

合格者平均得点 14.6/20

(十) 同じ読みの漢字 (18)

9	8	7	6	5	4	3	2	1
版	判	犯	慣	鳴	謝	舎	飼	師

2×9

合格者平均得点 15.7/18

20	19	18	17	16	15	14	13
歴史	競技	夢中	余	限	酸素	仏像	減

合格者平均得点 35.1/40

学習日 月 日

/200

(一) 読み (20) 1×20

1	2	3	4	5	6	7	8	9	10	11	12
あらわ	ていしゅつ	けわ	がんか	こうしゃ	ゆにゅう	かいえん	せいけつ	しめ	こころよ	きょうぎかい	こうせい

(二) 漢字と送りがな（ひらがな） (10) 2×5

1	2	3	4	5
厚い	招く	勢い	確かめる	志す

合格者平均得点 8.8/10

(三) 部首名と部首 (10) 1×10

1	2	3	4
エ	ﾀ	ウ	ハ

(四) 画数（算用数字） (10) 1×10

1	2	3	4	5	6	7	8	9	10
11	13	17	19	6	11	5	8	3	7

合格者平均得点 8.9/10

(六) 三字のじゅく語（一字） (20) 2×10

1	2	3	4	5	6	7	8	9	10
再	率	術	査	解	件	貯	圧	限	効

合格者平均得点 17.5/20

(八) じゅく語作り（記号） (12) 2×6

1	2	3	4	5	6
オ	カ	ケ	サ	エ	ウ

合格者平均得点 11.5/12

(九) 音と訓（記号） (20) 2×10

1	2	3	4	5	6	7	8
ウ	ア	イ	エ	ア	エ	イ	ウ

(十) 漢字 (40) 2×20

1	2	3	4	5	6	7	8	9	10	11	12
比	移動	燃	保育	過	防災	金属	額	任	破	導	編集

合格者平均得点 19.3／20

20	19	18	17	16	15	14	13
つみ	げんいん	ぬの	かかく	は	ささ	ま	ゆた

合格者平均得点 9.4／10

10	9	8	7	6	5
巾	キ	广	イ	口	カ

(五) じゅく語の構成（記号）(20)

合格者平均得点 17.6／20

10	9	8	7	6	5	4	3	2	1
エ	ア	イ	ア	ウ	エ	イ	ア	ウ	イ

2 × 10

(七) 対義語・類義語（一字）(20)

合格者平均得点 17.0／20

10	9	8	7	6	5	4	3	2	1
均	留	素	応	準	祖	断	益	絶	仮

2 × 10

(十) 同じ読みの漢字 (18)

合格者平均得点 14.6／18

9	8	7	6	5	4	3	2	1
寄	規	機	暴	貿	復	副	買	飼

2 × 9

合格者平均得点 13.8／20

10	9
ウ	ア

学習日　月　日

／200

合格者平均得点 34.2／40

20	19	18	17	16	15	14	13
慣	混雑	銀河	幹	肥料	血液	禁止	告

(一) 読み (20) 1×20

1	2	3	4	5	6	7	8	9	10	11	12
よ	きょうみ	けわ	ささ	こうきあつ	いとな	せっち	ひき	こくさい	ぎんが	せいぎかん	にってい

(二) 漢字と送りがな(ひらがな) (10) 2×5

1	2	3	4	5
破る	暴れる	慣らす	易しい	混ぜる

合格者平均得点 9.1 / 10

(三) 部首名と部首 (10) 1×10

1	2	3	4
コ	氵	ウ	木

(四) 画数(算用数字) (10) 1×10

1	2	3	4	5	6	7	8	9	10
9	12	8	10	13	16	3	12	3	11

合格者平均得点 9.3 / 10

(六) 三字のじゅく語(一字) (20) 2×10

1	2	3	4	5	6	7	8	9	10
責	非	久	酸	幹	効	統	再	均	現

合格者平均得点 17.2 / 20

(八) じゅく語作り(記号) (12) 2×6

1	2	3	4	5	6
サ	ク	イ	キ	ケ	ア

合格者平均得点 11.0 / 12

(九) 音と訓(記号) (20) 2×10

1	2	3	4	5	6	7	8
ウ	ア	ウ	イ	エ	ア	ウ	イ

(十) 漢字 (40) 2×20

1	2	3	4	5	6	7	8	9	10	11	12
豊	弁当	桜	事故	境	似	独唱	演	増	仏像	歴史	招

20	19	18	17	16	15	14	13
まか	おりもの	しょうひぜい	きゅうぎ	いま	いきお	こころがま	ゆそう

合格者平均得点 19.4／20

10	9	8	7	6	5
广	イ	貝	ク	辶	才

合格者平均得点 9.5／10

10	9	8	7	6	5	4	3	2	1
ア	イ	エ	イ	ウ	イ	エ	エ	ウ	ア

2×10

合格者平均得点 16.0／20

10	9	8	7	6	5	4	3	2	1
態	職	絶	保	容	解	祖	基	可	賛

2×10

合格者平均得点 16.8／20

10	9
エ	ア

合格者平均得点 13.0／20

(十) 同じ読みの漢字 (18)

9	8	7	6	5	4	3	2	1
仮	価	過	径	経	熱	厚	謝	舎

2×9

合格者平均得点 14.9／18

20	19	18	17	16	15	14	13
損	飼育	比	限	指導	示	建築	逆

合格者平均得点 33.9／40

学習日　月　日

／200

6級 試験問題 12 標準解答【本冊60～63ページ】

(一) 読み (20) 1×20

1	2	3	4	5	6	7	8	9	10	11	12
ふくしゅう	に	ぬの	しりょう	かこ	かんそく	えだ	せいけつ	かかく	きんとう	ふたた	こころざ

(二) 漢字と送りがな(ひらがな) (10) 2×5

1	2	3	4	5
久しく	迷う	絶える	営む	豊かな

(三) 部首名と部首 (10) 1×10

1	2	3	4
コ	日	エ	カ

(四) 画数(算用数字) (10) 1×10

1	2	3	4	5	6	7	8	9	10
5	7	4	13	9	14	12	15	6	8

(六) 三字のじゅく語(一字) (20) 2×10

1	2	3	4	5	6	7	8	9	10
可	逆	液	限	夢	謝	永	築	救	織

(八) じゅく語作り(記号) (12) 2×6

1	2	3	4	5	6
ク	カ	ケ	サ	ウ	イ

(九) 音と訓(記号) (20) 2×10

1	2	3	4	5	6	7	8
ウ	ア	ウ	エ	イ	エ	ウ	ア

(十) 漢字 (40) 2×20

1	2	3	4	5	6	7	8	9	10	11	12
弁当	校舎	銅	増	燃	耕	禁止	責任	貸	示	編	墓

13	14	15	16	17	18	19	20
ぶんかざい	けいかい	しょぞく	じゅぎょう	もう	かま	ひたい	だんけつ

5	6	7	8	9	10
ウ	广	ケ	辶	イ	扌

1	2	3	4	5	6	7	8	9	10
イ	エ	ア	ウ	ア	イ	ア	エ	ウ	イ

2 × 10

1	2	3	4	5	6	7	8	9	10
非	質	断	破	略	保	術	輸	在	備

2 × 10

9	10
イ	ア

(十) 同じ読みの漢字 (18)

1	2	3	4	5	6	7	8	9
予	余	厚	暑	益	易	飼	支	師

2 × 9

学習日　月　日

／200

13	14	15	16	17	18	19	20
酸素	応	張	税金	独唱	銀河	喜	仏

(一) 読み (20) 1×20

1	2	3	4	5	6	7	8	9	10	11	12
きょか	ま	ぎんが	な	ひょうか	こくさい	まず	あつ	だんけつ	ゆた	きゅうしき	おうらい

(二) 漢字と送りがな（ひらがな） (10) 2×5

1	2	3	4	5
喜ぶ	備える	険しい	余る	過ぎる

(三) 部首名と部首 (10) 1×10

1	2	3	4
オ	車	ク	辶

(四) 画数（算用数字） (10) 1×10

1	2	3	4	5	6	7	8	9	10
11	13	2	11	16	18	5	10	7	10

(六) 三字のじゅく語（一字） (20) 2×10

1	2	3	4	5	6	7	8	9	10
術	毒	雑	保	舎	接	益	条	解	潔

(八) じゅく語作り（記号） (12) 2×6

1	2	3	4	5	6
サ	ウ	ケ	エ	キ	オ

(九) 音と訓（記号） (20) 2×10

1	2	3	4	5	6	7	8
エ	ウ	ア	ウ	イ	ア	エ	ウ

(土) 漢字 (40) 2×20

1	2	3	4	5	6	7	8	9	10	11	12
枝	夢	似	留学	示	張	伝統	演	競技	肉眼	限	救助

13	14	15	16	17	18	19	20
あ	たし	まよ	ふっこう	こころよ	た	じゅんじょ	のう

5	6	7	8	9	10
ウ	土	カ	⺮	イ	阝

(五) じゅく語の構成(記号) (20) 2×10

1	2	3	4	5	6	7	8	9	10
エ	ア	イ	エ	ウ	ア	ウ	イ	ア	エ

(七) 対義語・類義語(一字) (20) 2×10

1	2	3	4	5	6	7	8	9	10
減	独	応	述	損	査	断	素	均	版

9	10
ア	イ

(十) 同じ読みの漢字 (18) 2×9

1	2	3	4	5	6	7	8	9
買	飼	液	易	再	採	招	賞	象

13	14	15	16	17	18	19	20
久	寄	設計	逆	金属	防	原因	罪

学習日 月 日

/200

(一) 読み (20) 1×20

1	2	3	4	5	6	7	8	9	10	11	12
も	す	いさん	あら	ぎゅうにゅう	ちぢ	ふたん	よ	ちゅうふく	うちわけ	たいさく	いずみ

(二) 部首と部首名(記号) (10) 1×10

合格者平均得点 9.1/10

1	2	3	4	5	6	7	8	9	10
え	キ	い	カ	け	オ	く	イ	か	ア

(四) 漢字と送りがな(ひらがな) (10) 2×5

合格者平均得点 8.9/10

1	2	3	4	5
並べる	幼い	補う	忘れる	拝む

(五) 音と訓(記号) (20) 2×10

1	2	3	4
ア	ウ	ア	エ

(六) 四字の熟語(一字) (20) 2×10

合格者平均得点 16.7/20

1	2	3	4	5	6	7	8	9	10
密	片	党	己	装	誌	郵	断	処	亡

(八) 熟語作り(記号) (10) 2×5

合格者平均得点 8.9/10

1	2	3	4	5
コ	ケ	ウ	ク	キ
エ	イ	カ	ア	オ

(九) 熟語の構成(記号) (20) 2×10

1	2	3	4	5	6	7	8	9
イ	ア	エ	ウ	イ	ア	ウ	エ	ウ

(十) 漢字 (40) 2×20

1	2	3	4	5	6	7	8	9	10	11	12
骨	乱	紅	権利	劇	王座	専門	糖分	私語	干	染	異

20	19	18	17	16	15	14	13
じぞう	えんせん	かいこ	せいゆう	ずのう	しき	はげ	もしゃ

合格者平均得点 18.8/20

㈢ 画数（算用数字）(10)

10	9	8	7	6	5	4	3	2	1
14	1	11	9	10	8	7	4	11	8

1×10

合格者平均得点 8.6/10

10	9	8	7	6	5
ア	ウ	イ	エ	ウ	イ

合格者平均得点 13.2/20

㈦ 対義語・類義語（一字）(20)

10	9	8	7	6	5	4	3	2	1
革	将	論	域	段	就	疑	簡	臨	縦

2×10

合格者平均得点 17.1/20

10
イ

合格者平均得点 16.3/20

㈩ 同じ読みの漢字 (20)

10	9	8	7	6	5	4	3	2	1
視	支	貯	著	備	供	暴	棒	庁	頂

2×10

合格者平均得点 16.5/20

20	19	18	17	16	15	14	13
痛	刻	朗読	従	絹	延期	興奮	遊覧

合格者平均得点 34.3/40

学習日　　月　　日

/200

● 6級受検者の年齢《ねんれい》層《そう》別割合《わりあい》（2019～2021年度）

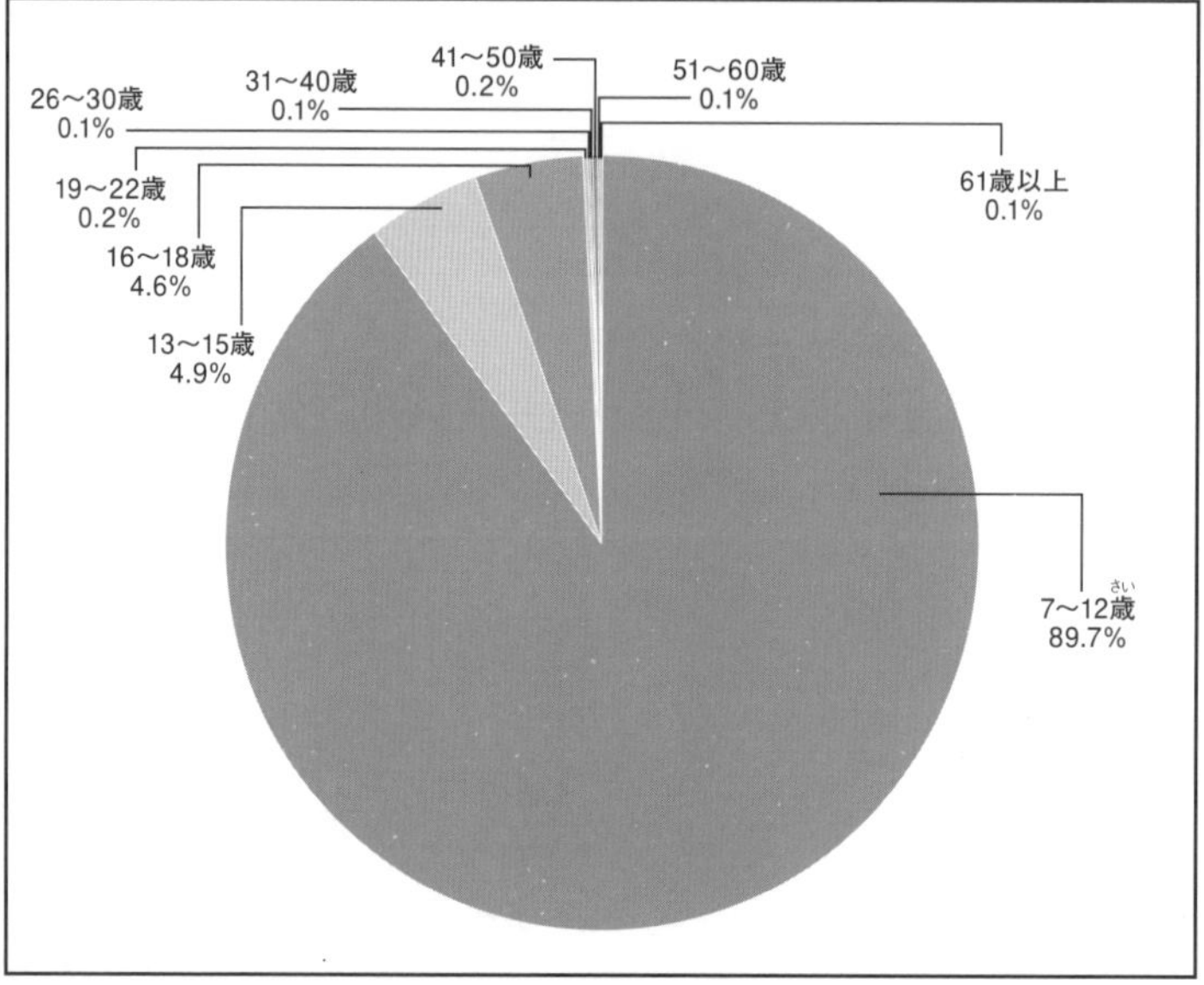

● 6級の設問項目《こうもく》別正答率（試験問題9）

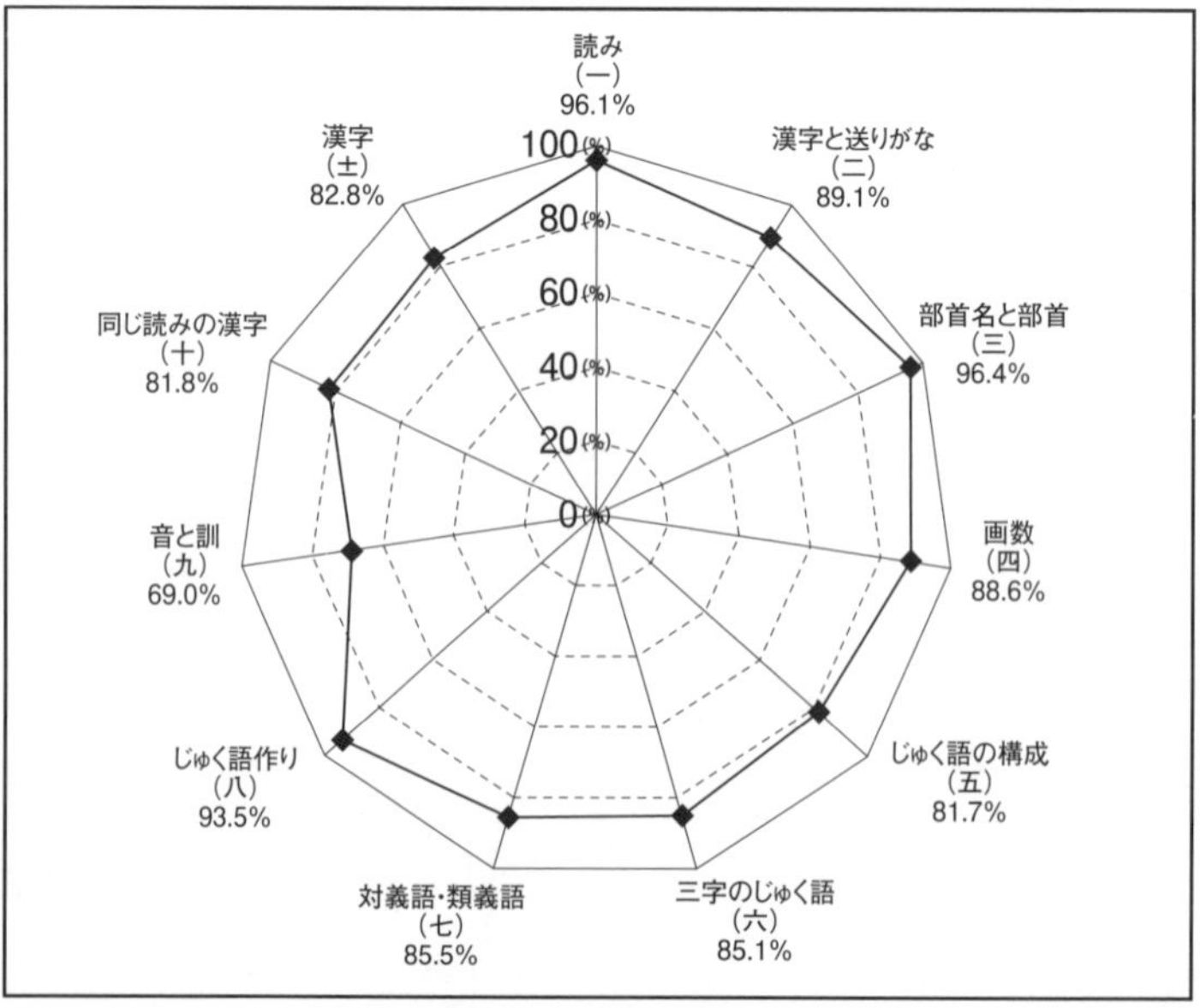

※（一）読みなどの設問項目名は、標準解答のものと対応しています。